Die Schweiz
La Suisse
Switzerland

Die Schweiz
La Suisse
Switzerland

Text: Niklaus Flüeler

SIGLOCH
EDITION

◂ Das Emmental – Bauernland wie zu Gotthelfs Zeiten
Eine der eindrücklichsten Landschaften des Kantons Bern und des ganzen Mittellandes verdankt ihren Namen der Grossen Emme. In tiefen Tälern, den sogenannten Gräben, fliessen ihr zahlreiche Quellbäche zu, die die Gegend in die teils schroffen, teils sanft in Mulden abfallenden »Eggen« gliedern. Noch heute weist die Landwirtschaft mit den weit verstreuten mächtigen Bauernhöfen die vom Dichter Jeremias Gotthelf (1797–1854) geschilderten Strukturen auf.

◂ L'Emmental – un paysage comme au temps de Gotthelf
Un des paysages les plus ravissants du canton de Berne et de tout le Plateau doit son nom à l'Emme dont les nombreuses sources coulent dans de profondes vallées. Cette région de charmantes prairies et de bois, connue pour sa production de fromage d'Emmental, a gardé les mêmes structures agricoles avec ses opulentes fermes disséminées dans la campagne que décrivait l'écrivain suisse Jeremias Gotthelf (1797–1854).

◂ The Emme Valley – a pastoral landscape
One of the most delightful landscapes in Canton Bern and the whole of the Central Plateau takes its name from the River Emme. It is the land of fine pastures, intersected by deep valleys and many streams, and famous for its 'Emmental' cheese industry. Here the countryside retains the same structures and the same scattered, large farmhouses described by the well-known Swiss novelist Jeremias Gotthelf (1797–1854).

Mitarbeit an Bildbeschaffung und Legenden:
Marianne Flüeler-Grauwiler
Französische Fassung: Marlène Kehayoff-Michel
Englische Fassung: Desmond Clayton

Sigloch Edition & Co., Lettenstrasse 3,
CH-6343 Rotkreuz/Zug
Verlagsleitung: Hans Kalis
Redaktion und Herstellung:
Dr. Ute Drechsler/Dr. Renate Mangold
und Michael Sanny, Sigloch Edition
ISBN 3 89393 026 4

Inhaltsverzeichnis

Table des matières

Contents

▲ **Piz Palü – ein Juwel der hochalpinen Schweiz**
Zusammen mit Bellavista, Biancograt und Piz Bernina bildet der Palü die grandiose Gebirgskulisse, von der sich die rund acht Kilometer lange Eiszunge des Morteratschgletschers talwärts senkt. Durch felsige Quergrate in der Nordflanke wird der vielbegangene Gipfel in drei benachbarte Spitzen geteilt: Den Ostgipfel oder eigentlichen Palü (3882 m), den Muot da Palü (3905 m) und den Piz Spigna (3823 m). Erstmals bestiegen wurde der Ostgipfel 1835.

▲ **Piz Palü – un joyau des Hautes Alpes suisses**
Avec Bellavista, Biancograt et le Piz Bernina, le Palü forme la grandiose toile de fond d'où descend dans la vallée la langue de glace, longue de quelque huit kilomètres, du glacier de Morteratsch. Des arêtes transversales rocheuses sur la face nord divisent le faîte très escaladé en trois sommets voisins: le sommet est, le véritable Palü (3882 m), le Muot da Palü (3905 m) et le Piz Spigna (3823 m). La première ascension du sommet est a eu lieu en 1835.

▲ **Piz Palü – a jewel of the Swiss High Alps**
Together with Bellavista, Biancograt, and Piz Bernina, Piz Palü forms the grand mountain backdrop from which the roughly 5-mile-long river of ice formed by the Morteratsch Glacier flows downhill. Rocky transverse ridges in the northern flank split the much-climbed peak into three separate summits: the east summit, or Palü proper (12,736 ft), Muot da Palü (12,812 ft), and Piz Spigna (12,543 ft). The first ascent of the east summit was in 1835.

Annäherungen an die Schweiz

Wenn der Schweizer an die Bundesrepublik denkt, blickt er im Geist zu ihr auf. Das hat damit zu tun, dass auf der Schweizer Schulwandkarte Deutschland oben liegt, die Schweiz hingegen unten – und Eindrücke dieser Art haften fürs Leben. Wie sich das Verhältnis in Deutschland darstellt, entzieht sich meiner Kenntnis. Aber ich würde vermuten, dass der Deutsche aus den gleichen Gründen auf dic Schweizer hinabschaut, auch wenn die Schweiz, betrachtet man die erdtektonische Situation, es eigentlich verdiente, dass man zu ihr hinaufschaut. Denn läge die Schweiz tatsächlich unten, flösse der Rhein ja ins Mittelmeer.
Dass Deutschland auf die Schweiz herabblickt, ist freilich nicht nur eine kartographische, sondern auch eine historische Erfahrung, die einem gleichfalls in der Schule vermittelt wird (oder mir jedenfalls noch wurde): Als sich Mitte des 15. Jahrhunderts der eidgenössische und der schwäbische Bund auseinanderzuleben begannen, machten sich die deutschen Landsknechte ein besonderes Vergnügen daraus, den Schweizern *küemelcher, kügehyer, küeschwentz* und *küemüler* nachzurufen – nicht ganz ungestraft, denn im Schwabenkrieg 1499 rächten sich die Eidgenossen für die Schmähungen fürchterlich, das Ergebnis war die faktische Trennung der Eidgenossenschaft vom Reich.
Eine Episode aus weniger zimperlichen Zeiten? 1928 bringt Hermann Graf Keyserling den Kropf, den man den Schweizern nebst der Pflege der Sodomie um 1450 und auch später noch gern nachsagte, völlig unmotiviert und aus heiterem Himmel erneut aufs Tapet, für ihn ist er das Ergebnis des »endemischen helvetischen Kretinismus«. Die »eigentlichen Bergschweizer« haben für Keyserling denn auch etwas »Gnomen- und Troglodytenhaftes«, und er stellt sich die Frage, »warum für dieses Bergvolk gerade Hässlichkeit charakteristisch ist, und nicht, wie bei den Kaukasiern, Schönheit«. Neben der Hässlichkeit ist

Une approche de la Suisse

Quand un Suisse pense à la République fédérale d'Allemagne, automatiquement dans son esprit il lève les yeux vers elle. Ceci parce que, sur la carte murale accrochée dans les salles de classe suisses, l'Allemagne se trouve audessus de la Suisse et que ce genre d'impression demeure pour la vie. J'ignore ce qu'il en est des Allemands à l'égard de la Suisse mais j'imagine que, pour la même raison, ceux-ci abaissent leur regard vers la Suisse alors que, compte tenu de la situation tectonique de celle-ci, il leur faudrait plutôt le lever vers elle. Car, si la Suisse se trouvait vraiment plus bas, le Rhin irait se jeter dans la Méditerranée.
Néanmoins, le fait que l'Allemagne abaisse son regard vers la Suisse n'est pas seulement dû à une expérience cartographique mais aussi historique qui est enseignée (ou en tout cas qui me fut encore enseignée) à l'école: lorsqu'au milieu du XVe siècle, la Confédération suisse et la ligue Souabe commencèrent à se séparer, les mercenaires allemands prirent un malin plaisir à abreuver les Suisses de qualificatifs aussi peu flatteurs que «trayeurs de vaches» ou «queues de vaches» – une attitude qui ne resta pas impunie car, dans la guerre de Souabe en 1499, les confédérés se vengèrent d'une façon terrible qui entraîna la séparation effective de la Confédération de l'Empire allemand.
Un épisode unique datant d'une époque moins raffinée? En 1928, sans que l'on sache pourquoi, le comte Hermann Keyserling ramène sur le tapis la question du goitre, un défaut que l'on avait attribué aux Suisses pour la première fois vers 1450 en même temps que la pratique de la Sodomie. Pour Keyserling, c'était le résultat d'«un crétinisme helvétique endémique», les «vrais Suisses de la montagne» étant selon lui quelque peu apparentés aux «gnomes et aux troglodytes». Et Keyserling de se demander «pourquoi la laideur est-elle si caractéristique de ce peuple de montagne et non pas la beauté comme c'est le cas chez les Caucasiens». Outre la laideur,

An approach to Switzerland

A Swiss thinking of the Federal Republic of Germany involuntarily looks up to it. This is due to the fact that on the Swiss classroom map Germany lies above Switzerland – and impressions of this kind persist throughout a lifetime. I cannot say what the position is in Germany with regard to Switzerland, but I would suppose that the Germans look down on the Swiss for the same reason, even though, in view of the tectonic situation, Switzerland deserves to be looked up to – for if Switzerland did lie at a lower level then the Rhine would flow into the Mediterranean.
However, that Germany looks down on Switzerland is not only a cartographical fact; it also has an historical background which is taught (or was taught to me, at least) at school: when the Swiss Confederates and the Swabian League began to drift apart in the middle of the 15th century, the German mercenaries took special pleasure in shouting insults along the lines of "cow- milkers", or "cow-tails" at the Swiss – behaviour which did not go unpunished, for, in the Swabian War of 1499, the Confederates took terrible revenge, which resulted in the effective separation of the Confederation from the German Empire.
Was this simply an episode from less squeamish days? In 1928, without any apparent reason, Hermann Count Keyserling suddenly revived the old goitre image again – the goitre, together with sodomy, having been one of the disorders with which the Swiss were first associated in around 1450; it was, he said, the result of "endemic Helvetian cretinism". For Keyserling, there was something "gnomic, troglodytic", about the "real mountain Swiss", and he asked himself "why ugliness should be characteristic of these people, and not beauty, as is the case with the Caucasians".
Apart from ugliness, it was mainly parsimony, a truly pathological urge to save, which Keyserling found most obnoxious; for him Swiss democracy was "primarily club mental-

es der Geiz, ein geradezu pathologischer Zwang zum Sparen, den Keyserling unerträglich findet, die Schweizer Demokratie ist für ihn »vornehmlich Kegelklubwille, Gesangsvereinwille und Kommissionswille«.
Neben diesen gezielten Tiefschlägen, die immerhin von einer Auseinandersetzung mit der Schweiz, von Hass, Verachtung, Kritik oder insgeheimer Bewunderung zeugen, gibt es die zahllosen Ungenauigkeiten in der Beschreibung schweizerischer Eigenarten und Besonderheiten, die allen Nachbarn, den Deutschen so gut wie den Österreichern, den Franzosen meist noch mehr als den Italienern und den anderen unterlaufen – letztlich, weil ihnen diese Alpenrepublik ohnehin egal ist.
Stichwort Alpenrepublik: Der stehende Ausdruck, eine reine Bequemlichkeitsfloskel, trifft den wahren Sachverhalt kaum. Ab dem 15. Jahrhundert sind es die Städte des Mittellandes, die in der eidgenössischen Politik federführend werden, und sie bleiben es uneingeschränkt. Längst leben zwei Drittel der Bevölkerung im Mittelland und verdienen dort auch ihr Geld. In den Alpen stürzt man ab, in den Bergen verbringt man bestenfalls Ferien, und mit den Hirten und Bauern hat man meist nur mehr indirekt zu tun: Sie sind Empfänger der Berg- oder Höhenzulagen, die aus unseren, der Mittelländer Steuern bezahlt werden.
Dass der Staatsaufbau der Schweiz nicht auf Anhieb zu begreifen ist, ist verständlich – wir kümmern uns ja eigentlich auch nicht darum, wie die Regierungs- und Verwaltungstechniken in Frankreich oder Österreich beispielsweise funktionieren. Nur: es gibt ausser den Landsgemeinden und der Tatsache, dass das Frauenstimmrecht in der Schweiz später als anderswo verwirklicht wurde, eine bemerkenswerte politische Kultur des pragmatischen Handelns und des vernünftigen Ausgleichs, die zwar kaum je Spektakuläres hervorbringt, es aber immerhin fertiggebracht

c'est l'avarice, un besoin quasi pathologique d'économiser, que Keyserling trouve insupportable et la démocratie suisse est pour lui «essentiellement une mentalité de club et l'expression d'un esprit mercantile».
En plus de ces coups bas qui, quoiqu'il en soit, attestent d'un intérêt pour la Suisse, témoignent d'une haine, d'un mépris, d'une critique ou même d'une secrète admiration à son égard, il y a les innombrables inexactitudes que l'on peut relever dans les descriptions des caractéristiques et des particularités suisses faites par tous ses voisins, qu'il s'agisse des Allemands aussi bien que des Autrichiens, des Français encore plus que des Italiens – parce qu'en fin de compte cette république alpine leur importe peu.
République alpine, le mot-clé: cette expression courante, pour commode qu'elle soit, n'est guère appropriée car, à partir du XVᵉ siècle, ce sont les villes du Plateau suisse qui ont eu le maître mot en politique et l'ont encore aujourd'hui. Depuis longtemps déjà, deux tiers de la population vivent et gagnent leur vie dans la région du Plateau. Les Alpes sont l'endroit où l'on passe tout au plus ses vacances, avec des montagnes que l'on peut escalader, et où l'on n'a habituellement que des contacts indirects avec les bergers et les paysans: ceux-ci sont les bénéficiaires des subventions payées grâce aux impôts que nous acquittons, nous autres gens du Plateau.
Le fait que l'on ne puisse appréhender du premier coup la structure politique de la Suisse est compréhensible – nous ne nous intéressons également pas au fonctionnement des appareils gouvernemental et administratif de la France ou de l'Autriche, par exemple. Mais, outre les *Landsgemeinden*, les votations populaires, et le fait que les femmes aient obtenu le droit de vote en Suisse plus tard qu'ailleurs, il existe en Suisse une remarquable culture politique empreinte de pragmatisme et d'un esprit de compromis; et, bien

ity, and an expression of commercialism".
In addition to these blows below the belt, which at least suggest an interest in Switzerland, bespeak hate, contempt, criticism, or even a certain secret admiration, there are countless inaccuracies to be found in the descriptions of Swiss characteristics and peculiarities by all of our neighbours – the Germans as much as the Austrians, the French even more so than the Italians – and ultimately this is because the Swiss Alpine Republic is of no importance to them.
Keyword Alpine Republic: this common expression, convenient though it may be, is hardly very accurate, for from the 15th century onwards it was the towns of the Central Plateau – the Swiss "lowlands" – which played the leading part in Swiss politics, and they still do so to this day. For a long time now two thirds of the population have lived and earned their living in the Central Plateau region. The Alps are at the most somewhere to spend one's holiday, a place with mountains to climb and fall down, and there is usually only indirect contact with the herdsmen and farmers: they are the receivers of subsidies which are paid for out of the taxes levied on us, the inhabitants of the Central Plateau.
The fact that the political structure of Switzerland cannot be immediately grasped is understandable – we are also not so interested in the workings of the governmental and administrative structures of France or Austria, for instance. But: apart from the system of direct democracy as reflected in the *Landsgemeinden*, and the fact that women were granted franchise later than elsewhere, there is in Switzerland a notable political culture characterized by pragmatism and compromise; and this, although it rarely produces anything spectacular, has nevertheless succeeded in ensuring that this heterogeneous structure consisting of four different groups of peoples, speaking four different languages, who are also split on religious lines, and who

hat, dass dieses heterogene Gebilde aus vier verschiedenen Bevölkerungs- und Sprachgruppen, die erst noch konfessionell gespalten sind und den Nachbarregionen geistig-kulturell vielfach näher stehen als den lieben Mit-Eidgenossen hinter Chur, jenseits der Sarine und *ennet* dem Gotthard, dass dieses heterogene Gebilde die letzten 700 Jahre einigermassen unbeschadet überdauert hat. Im übrigen: Ganz so ereignislos, wie dies gelegentlich den Anschein hat, verläuft die Geschichte in der Schweiz nun auch wieder nicht. Unspektakulär waren die Loslösung des Jura vom Kanton Bern vor etwas mehr als 10 Jahren und die Gründung eines neuen, eigenen Kantons nur deshalb, weil man eine Trennung für sinnvoll hielt und sie dann letztlich auch ohne viel Aufhebens vollzog. Dasselbe Ereignis oder ein vergleichbarer Prozess in Grossbritannien oder Frankreich etwa hätte dagegen auf Jahre hinaus für Schlagzeilen gesorgt.
Bücher über die Schweiz zu schreiben, ist denn auch ein ebenso reizvolles wie aussichtsloses Unterfangen. Einerseits schreibt man Bücher über die Schweiz, um sich selbst, den Mitbürgern und den Fremden die Schweiz näherzubringen. Je gründlicher man das macht, desto mehr verliert man sich in den Details, je genauer man es nimmt, desto umfangreicher wird der Text und um so weniger wird man gelesen. Macht man es kurz, locker und essayistisch, setzt man sich bald einmal dem Vorwurf der Oberflächlichkeit und demjenigen der Effekthascherei aus. Eines ist sicher: Auch der vorliegende Bildband wird der Schweiz in keiner Weise gerecht. Denn die Schweiz wirklich kennenzulernen, ist eine Lebensaufgabe. Ob man sie danach liebt oder nicht, ist dann wieder eine andere Frage.

que n'ayant jamais produit quelque chose de spectaculaire, ceci a néanmoins permis la survie sans trop de mal ces derniers 700 ans de cette structure hétérogène composée de quatre différents groupes de population parlant quatre langues différentes et de surcroît partagés par des frontières confessionnelles et qui souvent se sentent plus proches sur le plan culturel et intellectuel des régions voisines que de leurs chers confédérés au-delà de Coire, de l'autre côté de la Sarine ou derrière le Gothard. Cela ne veut pas dire pour autant que l'histoire de la Suisse ait été aussi peu prodigue d'événements que d'aucuns pourraient parfois le penser. La séparation du Jura du canton de Berne voici un peu plus de dix ans et la constitution d'un nouveau canton a été aussi peu spectaculaire parce que l'on a estimé qu'elle avait un sens et qu'elle s'est alors faite sans trop d'histoires. Le même genre d'événement ou un processus analogue en Grande-Bretagne ou en France, par exemple, aurait par contre fait les gros titres pendant des années.
Ecrire des livres sur la Suisse est une entreprise aussi séduisante que vaine. D'une part, on écrit des livres sur la Suisse pour la mieux comprendre soi-même, la rendre plus accessible à ses concitoyens et aux étrangers, mais plus on se donne à fond à cette tâche plus on se perd dans les détails, et plus on est précis plus le texte est long et plus il risque de ne pas être lu. Choisit-on d'être court, un style libre, la facture d'un essai, on court le danger d'être taxé de superficialité et de sensationnalisme. Une chose cependant est certaine: ce livre également ne rend aucunement justice à la Suisse. Car si l'on veut vraiment connaître la Suisse, il faut s'en occuper toute sa vie. Et si on finit par l'aimer ou non est une autre question.

often feel closer in various ways to their neighbour across the border than to their dear compatriots beyond Chur, on the other side of the Sarine, or behind the Gothard – that this heterogeneous structure has survived the last 700 years relatively unscathed. And, by the way: the history of Switzerland has by no means been quite so uneventful as may sometimes be assumed. The secession of the Jura region from Canton Bern a little over 10 years ago, and the founding of a new Canton Jura, was only so unspectacular because it was realized that a separation would make sense, and an effort was made to bring it about without too much fuss. The same kind of event or a similar process in Britain or France, for example, would have ensured dramatic headlines for years on end.
Writing books on Switzerland is both an attractive and hopeless enterprise. On the one hand, one writes books about Switzerland in order to make this country more easily understandable for oneself, for one's fellow citizens, and for foreigners: and yet the more thorough one is, the more one gets lost in details; and the more precise one is, the longer the text becomes, with the result that it is less likely to be read. If one chooses a brief, light, essayish approach there is a danger of being accused of superficiality and sensationalism. One thing is certain: this book, too, will by no means do justice to Switzerland. For to get to know Switzerland properly is a lifetime's occupation. Whether one ends up loving it or not is a different question.

▸ Vom Alpenrand zum Schwäbischen Meer
Von der vordersten Bastion der Alpenfaltung aus, dem Säntisgipfel, schweift der Blick weit über die voralpinen Hügel des Appenzellerlandes, Teile des Kantons St. Gallen und die fruchtbaren Ebenen des Thurgaus bis hin zum Bodensee. In den niederschlagsreichen Höhen Appenzells herrscht immer noch die Streusiedlung vor, die sich allerdings da und dort zu stattlichen Ortschaften verdichtet hat. Die flachen Gebiete gegen den See hin sind vor allem durch Ackerbau und Obstkulturen geprägt.

▸ De la bordure des Alpes au lac de Constance
Du Säntis, le bastion le plus avancé du plissement alpin, la vue s'étend au-delà des collines préalpines de l'Appenzell, des parties du canton de St.-Gall et des plaines fertiles de Thurgovie jusqu'au lac de Constance. Sur les hauteurs d'Appenzell, où les précipitations sont nombreuses, les villages sont toujours disséminés mais, çà et là, ils ont pris des proportions importantes. Les régions plus basses vers le lac, appelé parfois mer Souabe, sont le domaine de l'agriculture et de la culture des arbres fruitiers.

▸ From the edge of the Alps to Lake Constance
From Mt Säntis, the last outpost of the Alps, the view extends far across the pre-alpine hills of Appenzell, parts of Canton St Gallen, and the fertile plains of the Thurgau, to Lake Constance, sometimes called the Swabian Ocean. In the high-lying region of Appenzell, which is blessed with plenty of rain and snow, there are a few large villages, but on the whole the farms are scattered individually across the countryside. The lower areas near the lake specialize in arable and fruit farming.

◂ Alpstein – urzeitliches Refugium und Wetterwarte
Hinter dem schemenhaft durch den Nebel scheinenden Ort Herisau steigt die Landschaft über bewaldete Hügel bis zum isoliert auf der Molasse der letzten Eiszeit liegenden Kalkgebirge des Alpsteins. An seinen Flanken fanden urzeitliche Jäger in der prähistorischen Siedlungsstelle der Wildkirchlihöhle Schutz vor der Witterung; auf dem Säntisgipfel wurde bereits 1887 ein meteorologisches Observatorium, die »eidgenössische Wetterwarte«, eingerichtet.

◂ Le massif de l'Alpstein – refuge préhistorique et observatoire météorologique
Derrière la ville d'Herisau, enveloppée ici de brume, le paysage s'élève par des collines boisées jusqu'au massif calcaire isolé de l'Alpstein qui repose sur de la molasse de la dernière période glaciaire. Les chasseurs de l'époque préhistorique s'abritaient dans la grotte de Wildkirchli sur son versant; sur le Säntis, son point culminant, un observatoire météorologique a été installé dès 1887.

◂ The Alpstein Massif – prehistoric refuge and weather observatory
Behind the town of Herisau, here swathed in mist, the countryside rises via wooded hills to the isolated limestone Alpstein massif, the finest belvedere in eastern Switzerland. Prehistoric hunters found shelter in the Wildkirchli Cave on its flank. In more recent times – in 1887, to be precise – a meteorological observatory was established on its highest peak, Mt Säntis.

Die Nordostschweiz

Textilien, Most und Bauernmalerei

Wo genau die Grenze verläuft, lässt sich nicht mit letzter Sicherheit sagen, aber dass die Grenze, wenn auch unsichtbar, existiert, ist gewiss: Die Ostschweiz erscheint in mancher Hinsicht als die klar umrissenste Region der Schweiz, sieht man von den Kantonen Wallis und Graubünden einmal ab. Im Norden ist es der Bodensee, der die Ostschweiz eindeutig begrenzt, im Osten sind es die Vorarlberger, der Fürst von Liechtenstein und der Rhein, die festlegen, wo die Ostschweiz aufhört, im Süden sorgen der Walensee, die Linthebene und der obere Zürichsee für eine klare Scheidung zwischen Ost- und Zentralschweiz. Nur gegen Westen, gegen Zürich hin, sind die Grenzen fliessend, die Übergänge unklar.
Wenn man dann allerdings versucht, auch hier Pflöcke einzuschlagen und die Nordostschweiz, wie sie korrekt heisst, von Sonnenuntergang her einzugrenzen, kommt man bald einmal in Verlegenheit. Schlimmer noch: Am Ende löst sich auch das Bild einer in sich geschlossenen, homogenen Ostschweiz annähernd in nichts auf, an seine Stelle tritt ein Mosaik von verblüffender Vielfalt.
Das fängt schon mit der Frage an, wo denn eigentlich Schaffhausen hingehört. Nimmt man die Dialekte zum Massstab, dann ist Schaffhausen zusammen mit dem Thurgau, den beiden Appenzell und dem Kanton St. Gallen unzweifelhaft ein Teil der Ostschweiz. Zwischen dem schaffhausischen »Taa me daa?« (Darf man das?) und dem appenzellischen »Sääl« (für Seil) bestehen zwar möglicherweise subtile Unterschiede, für das Ohr des ungeübten Mit-Eidgenossen klingt das alles jedoch ziemlich ähnlich, nicht zuletzt auch darum, weil die Ostschweizer Dialekte durchweg durch die Nase gesprochen werden. Eine erste Korrektur drängt sich freilich schon hier auf: Im St. Galler Rheintal tönt es bereits wieder anders, um Rapperswil herum auch, so dass von einer geschlossenen ostschweizerischen Dialektlandschaft nicht die Rede sein kann.

La Suisse du Nord-Est

Textiles, jus de fruit et art paysan

Il est difficile de dire exactement où se situe la frontière mais il est certain qu'elle existe, même si elle est invisible: à certains égards, la Suisse de l'Est semble la région de Suisse aux contours les plus définis, si l'on excepte les cantons du Valais et des Grisons. Le terme de Suisse du Sud, lui, ne dit pas immédiatement s'il s'agit uniquement du Tessin ou également des vallées méridionales des Grisons et une Suisse de l'Ouest, de l'avis de ses habitants, n'existe tout simplement pas.
Il en va différemment de la Suisse de l'Est: au nord, elle est nettement délimitée par le lac de Constance, à l'est par le Vorarlberg, la principauté du Liechtenstein et le Rhin et, au sud, le Walensee, la plaine de la Linth et la partie supérieure du lac de Zurich établissent une ligne de démarcation entre la Suisse de l'Est et la Suisse centrale. C'est uniquement vers l'ouest, en direction de Zurich, que la frontière est floue, le passage mal défini. Et si l'on essaye de délimiter à l'ouest la Suisse du Nord-Est – son appellation correcte – on rencontre bientôt des difficultés. Pis encore: à la fin, l'image d'une Suisse de l'Est bien définie, homogène, est plus ou moins réduite à néant, et il ne reste plus à sa place qu'une mosaïque d'une étonnante diversité.
Cela commence déjà avec la question de savoir où se trouve Schaffhouse. Si l'on prend les dialectes comme critère, alors Schaffhouse fait incontestablement partie de la Suisse de l'Est avec la Thurgovie, les deux cantons d'Appenzell et le canton de St.-Gall. Il existe peut-être de subtiles différences entre le parler de Schaffhouse et celui d'Appenzell mais l'oreille inexercée des Suisses des autres régions ne les perçoit pas, notamment parce que tous les dialectes de la Suisse de l'Est ont des consonances nasales. Avec une réserve toutefois car, dans la vallée du Rhin près de St.-Gall ou dans les environs de Rapperswil, les différences sont telles que l'on ne peut parler d'un dialecte tout à fait homogène de la Suisse de l'Est.

Northeast Switzerland

Textiles, fruit juice, and peasant art

Precisely where the border runs is hard to say, but the fact that it exists, even though it is invisible, is certain: Apart from Cantons Valais and Grisons, East Switzerland seems in some ways to be the most clearly defined region of Switzerland. The term South Switzerland, on the other hand, does not make it immediately clear whether only Ticino is meant or also the southern valleys of Grisons, and a West Switzerland, so the people living there say, simply does not exist.
With East Switzerland the situation is quite different: in the north it is clearly bounded by Lake Constance, in the east by Austrian Vorarlberg, by Liechtenstein, and the Rhine, and in the south the line between East and Central Switzerland is drawn by Lake Walenstadt, the Linth Plain, and the upper part of Lake Zurich. It is only towards the west, in the direction of Zurich, that the border is vague, the transition unclear. Any attempt to mark the boundary here, and to clearly define the western extent of Northeast Switzerland, as it is properly called, runs into difficulties. And what is worse: in the end, the picture of a well-defined, homogeneous East Switzerland more or less dissolves into nothing, leaving behind it an amazingly varied mosaic.
This already begins with the question of where Schaffhausen really belongs. If dialects are taken as the criterion, then Schaffhausen, together with the Thurgau, the two Appenzells, and Canton St Gallen, is indubitably part of East Switzerland. There may be subtle differences between the dialects spoken in Schaffhausen and Appenzell, for example, but to Swiss from other parts of the country they sound pretty much the same, partly because all the East Swiss dialects are nasal in timbre. Reservations must be made even here, though, because in the Rhine valley near St Gallen, or around Rapperswil, for instance, certain differences are apparent even to nonlocals, so that there can be no question of an absolutely homogeneous East Swiss dialect.

Die Sprache ist eines, Wirtschaftsgeschichte etwas anderes. Zur Zeit der Frühindustrialisierung, teilweise schon wesentlich früher, sucht und findet die gesamte Nordostschweiz ihr Auskommen zunächst einmal in der Textilindustrie. Davon ausgenommen ist lediglich der Thurgau, der als gemeinsam verwaltetes Untertanengebiet von acht der dreizehn Alten Orte nur geringe Entwicklungs- und Entfaltungsmöglichkeiten hat. Neben Schaffhausen, St. Gallen, Appenzell-Ausserrhoden und dem Toggenburg sind diesmal auch Zürich, das Zürcher Oberland und Glarus mit von der Partie. Dann aber gehen Schaffhausen, Winterthur und Zürich bald einmal andere Wege – weg von den Textilien und Garnen, hin zur Giesserei, den Maschinen, Motoren und Waffen, so dass die textile Ostschweiz, gebeutelt ausserdem durch eine Reihe von Krisen und Umstrukturierungen, heute im wesentlichen auf St. Gallen, Appenzell-Ausserrhoden, Glarus und Reste des Zürcher Oberlands reduziert ist, während Schaffhausen industriell eher der Nordwestschweiz zuzurechnen ist.
Warenverkehr, geschäftliche Verbindungen und verwandtschaftliche Beziehungen, gefördert unter anderem auch durch die Reformation und durch den gemeinsamen Glauben, banden Schaffhausen zudem stets enger an Zürich als an die Ostschweiz – der Einfachheit halber etwa übernahmen die Schaffhauser bereits 1411 die Zürcher Zunftordnung –, und mit seinen ausgedehnten Weinbaugebieten im Klettgau steht Schaffhausen auch agrarkulturgeschichtlich dem Zürcher Weinland wesentlich näher als der Obstmostkultur des Thurgaus – auch wenn in Weinfelden und am Bodensee gleichfalls ein bisschen Weinbau betrieben wird und »Müller-Thurgau« heute eine der beliebtesten Sortenzüchtungen ist.
Alles in allem gesehen ist es darum wohl richtig, die Grenze zur Ostschweiz in den Kanton Thurgau zu verlegen. Die noch weitgehend intakte, weite und sanft ondulierte Landschaft

La langue est une chose, l'histoire économique en est une autre. Au début de l'ère industrielle, et en certains endroits beaucoup plus tôt, toute la Suisse du Nord-Est vit de l'industrie textile, à l'exception de la Thurgovie qui, en tant que pays sujet administré par huit des treize villes souveraines, n'avait pas de grandes possibilités de développement. L'industrie textile est prépondérante à Schaffhouse, St.-Gall, dans le canton d'Appenzell-Rhodes extérieures et le Toggenburg mais aussi à Zurich, dans l'Oberland zurichois et le pays de Glaris. Mais bientôt Schaffhouse, Winterthur et Zurich prennent une autre direction, s'éloignent du textile et des filatures pour se lancer dans la fonderie, les machines, les moteurs et les armes de sorte que l'industrie textile de la Suisse de l'Est, secouée en outre par une série de crises et de restructurations, est essentiellement concentrée aujourd'hui à St.-Gall, dans le canton d'Appenzell-Rhodes extérieures, dans le pays de Glaris et dans le reste de l'Oberland zurichois, tandis que Schaffhouse fait plutôt partie, industriellement parlant, de la Suisse du Nord-Ouest.
Les échanges commerciaux, les relations d'affaires et les liens familiaux, favorisés entre autres par la Réformation et la foi commune, lièrent Schaffhouse plus étroitement à Zurich qu'à la Suisse de l'Est – pour plus de commodité, Schaffhouse avait adopté dès 1411 le système des corps de métiers de Zurich – et avec ses grands vignobles dans le Klettgau, Schaffhouse est également plus proche de la culture viticole de Zurich que de la production de jus de fruit de la Thurgovie – même si on cultive également la vigne à Weinfelden et sur les bords du lac de Constance et que le «Müller-Thurgau» est aujourd'hui un des cépages les plus prisés.
Tout bien considéré, il est sans doute plus juste de tracer la frontière de la Suisse de l'Est quelque part dans le canton de Thurgovie. Le vaste paysage ondulé, en grande partie intact, avec ses imposants vergers et ses champs, ses

Language is one thing, economic history another. During the early industrial age, and in some places considerably earlier, the whole of Northeast Switzerland was dependent on the textile industry – all, that is, with the exception of the Thurgau, which as a subject territory of eight sovereign towns had very limited possibilities for development. Textiles were dominant in Schaffhausen, St Gallen, Appenzell-Ausserrhoden and the Toggenburg district, and also in Zurich, the Zurich Oberland, and Glarus. But then Schaffhausen, Winterthur and Zurich soon branched out in other directions – away from textiles and yarns to foundry work, machines, motors, and weapons, so that the textile industry of East Switzerland, shaken in addition by a series of crises and restructurings, is today largely restricted to St Gallen, Appenzell-Ausserrhoden, Glarus, and parts of the Zurich Oberland, whereas, industrially speaking, Schaffhausen belongs rather to Northwest Switzerland.
Trade, commercial connections, and family ties, promoted by, among other things, the Reformation and the common faith, linked Schaffhausen more closely to Zurich than to East Switzerland – Schaffhausen took over the Zurich guild system for simplicity's sake as early as 1411, for example – and with its extensive vineyards in the Klettgau district, Schaffhausen is also much closer to the Zurich wine-growing culture than to the fruit-juice tradition of the Thurgau – even though a certain amount of wine is produced in Weinfelden and along Lake Constance, and Müller-"Thurgau" happens to be one of today's most popular wine grapes.
Thus it is probably best to draw the border of East Switzerland somewhere in Canton Thurgau. The still largely unspoilt, gently rolling countryside with its extensive orchards and arable land, its meadows and woods, in any case forms a distinct contrast to the overflowing urbanization around Zurich, and suggests

mit ihren ausgedehnten Obstkulturen und Äckern, den Weiden und Wäldern bildet jedenfalls einen eindeutigen Kontrast zum ausufernden Siedlungsbrei des »Millionen-Zürich« und dokumentiert satte, wenn auch diskrete Behäbigkeit; immerhin sind hier noch 12 Prozent aller Beschäftigten in der Landwirtschaft tätig, das Doppelte des schweizerischen Durchschnitts. Da es dem Kanton überdies an einem eigentlichen Zentrum fehlt, verteilt sich auch die eher kleinmassstäblich strukturierte Industrie unauffällig über das ganze Kantonsgebiet.
Wenn der Thurgau über keinen städtisch-urbanen Kristallisationspunkt verfügt, so leidet im benachbarten Kanton St. Gallen die Hauptstadt um so mehr unter der Konkurrenz einer ganzen Reihe von Kleinstädten, die Zentren einer jeweils klar umgrenzten Region sind, auf eine je eigene, oft reiche und bewegte Geschichte zurückblicken und ausserdem meist auch noch wertvolle historische Bausubstanz vorzeigen können: Rorschach, Wil, Rapperswil, Sargans oder Altstätten etwa verfügten im Ancien Régime über vergleichsweise grosse Freiheiten oder waren praktisch gar autonom. Als man dann 1803 den Kanton St. Gallen schuf, zog man dazu wahllos altes äbtisches Untertanengebiet im Vorland, das Toggenburg, Rapperswil, die Gemeine Herrschaft Rheintal und die einstige Grafschaft Sargans heran. Sargans, seit alters her eher nach Rätien ausgerichtet, wäre damals lieber zum Kanton Glarus gekommen und gab diesen Wunsch widerstrebend erst 1814 auf.
Bei dieser auch topographisch alles andere als homogenen Zusammensetzung des Kantons reicht die Ausstrahlung der Hauptstadt eben nicht aus, um ein eigentliches Zusammengehörigkeitsgefühl entstehen zu lassen – vor allem, da St. Gallen ein bisschen auch der Ruf des Unvollständigen, Unfertigen, Glücklosen anhaftet. Als eines der ältesten und bedeutendsten Klöster des Kontinents wurde St. Gallen zwar auch eine respektable welt-

prés et ses forêts, forme en tout cas un contraste très net avec l'urbanisation débordante de la ville de Zurich et témoigne d'une aisance incontestable quoique discrète; 12 pour cent de toutes les personnes actives de la région travaillent dans l'agriculture, ce qui représente le double de la moyenne suisse. Et comme le canton manque d'un véritable centre, les entreprises industrielles généralement petites (produits alimentaires et de fourrage, machines, traitement du bois, habillement) sont réparties discrètement sur tout le territoire cantonal.
Alors que la Thurgovie ne possède aucun point de cristallisation urbaine, dans le canton voisin de St.-Gall, la capitale souffre de la concurrence de toute une série de petites villes qui sont autant de centres de régions bien délimitées, qui toutes ont une histoire riche et mouvementée et dont la plupart arborent encore de précieux édifices historiques: durant l'Ancien régime, Rorschach, Wil, Rapperswil, Sargans ou Altstätten, par exemple, jouissaient d'une grande liberté ou étaient même pratiquement autonomes. Lorsque fut créé le canton de St.-Gall en 1803, on y fit entrer un peu au hasard d'anciens territoires abbatiaux des environs, le Toggenburg, Rapperswil, le domaine de la vallée du Rhin et l'ancien comté de Sargans. Sargans, qui de tout temps était plus orienté vers la Rhétie, aurait préféré être rattaché au canton de Glaris et ne renonça, à contrecoeur, à ce souhait qu'en 1814.
Du fait de cette composition tout autre qu'homogène du canton, également sur le plan topographique, le rayonnement de la capitale ne suffit évidemment pas à créer un véritable sentiment de solidarité – d'autant que St.-Gall a un peu la réputation d'être incomplète, inachevée, malchanceuse. Comme l'un des plus anciens et des plus importants monastères d'Europe, St.-Gall était également doté d'un pouvoir séculier considérable et dut néanmoins être témoin de la conversion de la ville

a comfortable degree of prosperity; 12 per cent of all employed persons in the region are still engaged in agriculture – double the Swiss average. And as the canton lacks a real centre, the generally small-scale industrial ventures (food and fodder, machines, timber processing, clothing) are spread unobtrusively throughout the whole of the cantonal territory.
While the Thurgau does not possess anything resembling an urban crystallization point, the capital of neighbouring Canton St Gallen suffers from the rivalry of a whole series of small towns which in each case are the centres of a clearly-defined surrounding district, each of which has its own often rich and colourful history, and most of which can also still boast a valuable heritage of historical architecture: during the Ancien Régime, for example, Rorschach, Wil, Rapperswil, Sargans, or Altstätten enjoyed considerable freedom or were even practically autonomous. Then, when Canton St Gallen was created in 1803, areas such as former abbatial territories in the surrounding area, the Toggenburg district, Rapperswil, part of the Rhine Valley district, and the one-time county of Sargans were included in it rather arbitrarily. Sargans, which had always been orientated more towards Rhaetia, would have preferred to have been attached to Canton Glarus, and only reluctantly gave up this aim in 1814.
In view of this anything but homogeneous composition of the canton, which is reflected also in its topographical variety, the capital city does not have sufficient dynamism to create a feeling of solidarity – especially as St Gallen also has something of a reputation of being incomplete, unfinished, unfortunate. As one of Europe's oldest and most important monasteries, St Gallen also possessed considerable secular power – and yet had to stand by and watch when the town itself became Protestant. From the 15th century onwards the town developed into a flourishing centre –

liche Macht – und musste es erleben, dass ausgerechnet die Stadt zum neuen Glauben übertrat. Wirtschaftlich entwickelte sich der Ort vom 15. Jahrhundert an zu einem blühenden Zentrum erst der Leinen-, dann der Baumwoll- und der Stickereiindustrie – und erlebte in den Krisenjahren einen annähernd totalen Zusammenbruch, der bis in die Gegenwart nachwirkt. Heute ist St. Gallen zwar Standort einer Hochschule, aber zur Schaffung einer Volluniversität konnte sich der Kanton dann doch nicht durchringen.
Unvollständig und ohne eigentliche Mitte ist der Kanton St. Gallen auch darum, weil just dort, wo die Äbte eine Art Hinterland und voralpine territoriale Machtbasis einzurichten versuchten, sich die Appenzeller diesem Vorhaben erfolgreich widersetzten und ab dem 15. Jahrhundert eine eigene, freie Republik etablierten. Als vorteilhaft erwies sich in diesem zähen Kampf um Unabhängigkeit sicher die besondere Topographie des Appenzellerlandes mit seinen zahllosen bewaldeten Hügeln und Kuppen und den tiefeingeschnittenen Tobeln, aus der sich allmählich auch die vielfältig gegliederte, intensiv und liebevoll bewirtschaftete Miniaturlandschaft des heutigen Appenzell mit seinen weitverstreuten Einzelhöfen und den winzigen Dörfern, den Viehwiesen und Alpweiden herausbildete. Hier, und nur hier, in diesem schweizerischen Hirtenland par excellence, konnte um die Mitte des 18. Jahrhunderts denn auch die völlig eigenständige und unverwechselbare Kunst der Senntumsmalerei, einer speziellen Form der Bauernmalerei, entstehen.

au protestantisme. Economiquement, la ville se transforma, à partir du XVe siècle, en un centre florissant – d'abord de l'industrie du lin, puis du coton et de la broderie – et eut à subir, pendant la crise économique, un effondrement presque total dont les effets se font encore sentir. Aujourd'hui, St.-Gall est certes le siège d'une grande école mais le canton n'a pas réussi à créer une véritable université.
Incomplet et sans centre véritable, le canton de St.-Gall l'est également parce que, précisément là où les abbés tentèrent d'établir une sorte d'hinterland et une base préalpine de leur pouvoir territorial, les Appenzellois s'élevèrent avec succès contre ce projet et établirent, à partir du XVe siècle, une république libre. Dans leur âpre lutte pour l'indépendance, les Appenzellois avaient certainement un atout, la topographie particulière de leur région, avec ses innommbrables collines boisées et ses profonds ravins dont allait sortir le paysage miniature, très diversifié, intensivement et amoureusement cultivé de l'Appenzell moderne, avec ses fermes très dispersées, ses minuscules villages, ses pâturages et ses alpages. Et c'est ici, uniquement ici, dans ce paysage pastoral suisse par excellence qu'allait également pouvoir se développer, vers le milieu du XVIIIe siècle, un art paysan absolument indépendant et incomparable tel que la *Senntumsmalerei*.

first of the linen industry, and then of the cotton and embroidery industry – and during the economic crisis suffered an almost total collapse which has still not been entirely overcome. Today St Gallen is the seat of a graduate school, but the canton has still not been able to bring itself to create a full-scale university.
Canton St Gallen is incomplete and without a real centre also because at the time when the abbots of St Gallen were making an effort to create a kind of hinterland and pre-alpine territory in the Appenzell region, the people there not only successfully resisted, but from the 15th century established their own free republic. The Appenzell people's tough battle for independence was certainly assisted by the particular topography of their region, with its countless wooded hills and deep ravines, from which the diverse, intensively and lovingly cultivated miniature landscape of modern Appenzell with its scattered individual farmhouses and tiny villages, its grazing land and alpine pastures, was slowly to emerge.
Here, and only here, in this Swiss dairyland par excellence, was it possible, from the middle of the 18th century onwards, for a completely independent and inimitable peasant art such as *Senntumsmalerei* to develop.

▶ **St. Gallen – die Jahrringe einer Stadt**
Wie beim Schnitt durch einen Baumstamm lassen sich aus der Luft Entstehen und Wachsen der St. Galler Altstadt ablesen: Um das im 8. Jahrhundert aus der Zelle des heiligen Gallus im damals noch urwaldartigen Steinachtal hervorgegangene Kloster entstanden nach dessen Brand im 15. Jahrhundert Häuserzeilen, die den Klosterkomplex ringförmig umschliessen. Von diesem durch die Barockkirche beherrschten Zentrum aus entwickelte sich gegen Nordwesten die weltweit bekannte Textilstadt.

▶ **St.-Gall – les cercles annuels d'une ville**
Sur une photo aérienne, le développement et la croissance de la ville ancienne se lisent comme sur la coupe d'un tronc d'arbre. A l'origine: le monastère de St.-Gall fondé au VIIIe siècle sur le site de l'ermitage du moine irlandais Gallus dans la vallée de Steinach. Après sa destruction par un incendie au XVe siècle, des rangées de maisons circulaires furent construites autour des bâtiments conventuels. C'est à partir de ce centre, dominé par l'église baroque, que la ville s'étendit en direction du nord-ouest pour devenir un centre de l'industrie textile de renommée mondiale.

▶ **St Gallen – the annual rings of a city**
The development and growth of the old part of St Gallen can be read from an aerial photograph rather in the way that a tree's growth can be read from its annual rings: it began with a monastery, which developed in the 8th century from the cell of St Gall in the Steinach Valley. After the monastery burnt down in the 15th century, rings of terraced houses were built round the monastery complex. From this core, dominated by the Baroque church, the town spread north-westwards, and developed into an internationally renowned textile centre.

◀▶ Kathedrale St. Gallen – vom Barock zum Klassizismus
Im Zeichen des Aufschwungs zu neuer geistlicher und weltlicher Macht als Antwort auf die Reformation wurde um die Mitte des 18. Jahrhunderts der Neubau der damaligen Stiftskirche St. Gallus und Otmar mit einer barocken Schaufront geschmückt. Der klar gegliederte Innenraum indessen zeigt bereits formale Elemente des Klassizismus. Der Saal der Stiftsbibliothek, einer der prächtigsten Rokokoräume der Schweiz (links), erhält durch die wellenförmig geschwungenen Galerien zwischen den mit Bücherregalen umkleideten Pfeilern, deren Rhythmus durch die reichbemalte Stuckdecke und die Parkettintarsien aufgenommen wird, das Gepräge eines fürstlichen Festsaals.

◀▶ La cathédrale de St.-Gall – du baroque au classicisme
Vers le milieu du XVIIIe siècle, au cours de la renaissance du pouvoir spirituel et temporel et en réponse à la Réformation, la cathédrale, à l'époque église abbatiale dédiée aux saints Gall et Otmar, fut reconstruite et dotée d'une majestueuse façade orientale. Par contre, l'intérieur très structuré présente déjà des éléments du classicisme. Avec ses galeries aux formes incurvées, aménagées entre les piliers entourés de rayons de livres, et dont le rythme est repris par le plafond en stuc orné de peintures et le parquet en marqueterie, la longue salle de la bibliothèque abbatiale, une des plus somptueuses salles rococo de Suisse (à gauche), ressemble à une salle de fête princière.

◀▶ St Gallen Cathedral – from Baroque to Classicism
In the course of the revival of spiritual and temporal power in answer to the Reformation, the then Collegiate Church of St Gallus and St Otmar was rebuilt and given an ornate Baroque east front. The clearly structured interior, on the other hand, already shows the influence of Classicism. The long main hall of the Abbey Library, one of Switzerland's most magnificent Rococo rooms (left), with its curving galleries set between pillars enclosed in bookshelves, the rhythm of which is complemented by the richly painted stucco ceiling and the inlaid parquet floor, resembles a princely banqueting hall.

◂ Gräpplang – Wächterin über bischöfliche Territorien
Hoch über dem bereits in prähistorischer Zeit begangenen Weg zwischen Sargans und Weesen thront die Ruine der Burg Gräpplang. Die Feste wurde im 12. Jahrhundert errichtet. Ihren Namen verdankt die Burg der rätoromanischen Bezeichnung »groppa lunga« (langer Fels).
▸ Die Churfirsten – eines der steilsten Seeufer
Die vielzackige, an ihrem höchsten Punkt über 2000 Meter hohe Gebirgskette der Churfirsten fällt beinahe senkrecht zum rund 16 Kilometer langen Walensee ab. Nur gerade an einer einzigen Stelle erlaubte das Ufer die Entstehung einer Siedlung: des nur auf dem Wasserweg zugänglichen Dorfs Quinten. Im Bildvordergrund Rebberge ob Walenstadt.

◂ Gräpplang – gardienne des terres épiscopales
L'impressionnante ruine du château fort de Gräpplang trône au haut de la route, déjà empruntée à l'époque préhistorique, qui mène de Sargans à Weesen. Erigée au XIIe siècle, la forteresse tire son nom de l'appellation rhétoromane «groppa lunga» (long rocher).
▸ Les Churfirsten – une des rives les plus escarpées d'un lac
La chaîne crénelée des Churfirsten, qui culmine à plus de 2000 mètres, tombe presque à pic dans le Walensee qui a environ 16 kilomètres de long. L'escarpement des rives n'a autorisé qu'une seule implantation: le village de Quinten accessible uniquement par bateau. Au premier plan, les vignobles au-dessus de Walenstadt.

◂ Gräpplang – guardian of episcopal lands
The impressive ruins of Gräpplang Castle occupy a commanding position high above the route between Sargans and Weesen, which was already used in prehistoric times. The name of the castle, which was built in the 12th century, derives from the Rhaeto-Romance term "groppa lunga" (long rock).
▸ The Churfirsten – one of the steepest lake shores
The rugged mountain chain called Churfirsten, rising to over 7,500 ft, drops almost vertically down to Lake Walenstadt, which is ten miles long. The steepness of the shore left room for only one settlement: the village of Quinten, which is accessible only by boat. In the foreground: the vineyards of Walenstadt.

◀ **St. Galler Rheintal – der Weg des gezähmten Flusses**
Wo sich einst nach der Eiszeit der Bodensee noch bis gegen Chur hin erstreckte, fliesst heute der in den Alpentälern noch wilde und ungestüme Rhein begradigt und eingedämmt dahin.

▼ **Werdenberg – ein Kleinod im Rheintal**
Das gegen Ende des 13. Jahrhunderts errichtete Schloss Werdenberg thront auf einem Hügel über dem gleichnamigen Städtchen, der ältesten erhaltenen Holzbausiedlung der Schweiz.

▲ **Werdenberg – un joyau dans la vallée du Rhin**
Le château de Werdenberg, construit vers la fin du XIIIe siècle, trône sur une colline qui surplombe le petit village du même nom et dont les maisons en bois sont les plus anciennes de Suisse.

◀ **La vallée du Rhin près de St.-Gall – le parcours d'un fleuve dompté**
A l'endroit où, après la période glaciaire, le lac de Constance s'étendait encore jusqu'à Coire, le Rhin, qui est encore sauvage dans les vallées alpines, coule aujourd'hui dans un lit rectifié et endigué.

▲ **Werdenberg – a jewel in the Rhine Valley**
Werdenberg Castle, built towards the end of the 13th century, dominates the little town of the same name which is Switzerland's oldest surviving timber-built settlement.

◀ **The St Gallen Rhine Valley, where the tamed river flows**
After the Ice Age, Lake Constance extended past this spot right into the mountains as far as Chur – now the Rhine flows here, regulated and canalized, after its wild youth in the Alpine Valleys.

▲▶ **Lebendiges Brauchtum im Appenzellerland**
Nebst der traditionellen Senntumsmalerei, der Appenzeller Bauernmalerei, wird auch das Brauchtum im Jahreslauf von den Appenzellern rege gepflegt. Von links nach rechts: »wüster« (hässlicher) und »schöner« Silvesterklaus in Urnäsch – auf dem mächtigen Kopfputz sind mit kunstvoll geschnitzten Miniaturen Szenen des ländlichen Alltags dargestellt –, daneben die Innerrhoder Sonntagstracht. Rechts: Appenzeller Sennen in ihrer reichgeschmückten Tracht auf dem Weg zur Viehschau. Im Hintergrund Säntis und Altmann sowie die Orte Wald und Trogen.

▲▶ **Des traditions dans le canton d'Appenzell**
En plus de la peinture traditionnelle des vachers, les Appenzellois cultivent activement leurs traditions et leurs coutumes. De gauche à droite: l'«affreux» et le «beau» masques de la veille du jour de l'an à Urnäsch – l'imposante coiffure est ornée de scènes artistiquement sculptées de la vie paysanne – et un costume folklorique du dimanche dans les Rhodes-Intérieures. A droite: des vachers d'Appenzell vêtus de leur costume traditionnel en route pour une exposition agricole. Dans le fond, le Säntis et l'Altmann ainsi que les localités de Wald et Trogen.

▲▶ **Living traditions in Canton Appenzell**
All kinds of traditions and annual customs survive in Appenzell, in addition to the characteristic peasant art. From left to right: the "ugly" and the "beautiful" New Year's Eve masks at Urnäsch – the huge headdress is ornamented with artistically carved scenes from country life –, and a traditional Sunday dress in Inner-Rhoden. Right: Appenzell herdsmen in their decorative ethnic costume on the way to an agricultural show. In the background are Mts Säntis and Altmann, and the villages of Wald and Trogen.

▲▶ Säntisgipfel – Eiszeit und Neuzeit
Der Blick vom Säntisgipfel (2501 m) nach Südwesten lässt erahnen, wie es während der letzten Eiszeit ausgesehen haben mag; nur gerade die höchsten Erhebungen ragten aus dem Eispanzer, so wie hier aus dem dichten Nebelmeer, unter dem das Mittelland völlig verschwindet. Die weite Sicht bis hin zu den Ausläufern der Innerschweizer Alpen verdeutlicht, dass der Säntis für die Einrichtung einer Wetter- und einer Fernmeldestation geradezu prädestiniert ist. Wie eine Felsenfestung wirkt die Anlage mit dem leistungsfähigen Sender.

▲▶ Le sommet du Säntis
La vue du Säntis (2501 m) en direction du sud-ouest donne une idée de l'aspect qu'avait la région pendant la dernière période glaciaire; seules les plus hautes éminences émergeaient de la carapace de glace, comme ici de l'épais brouillard qui recouvre entièrement le Plateau. Le vaste panorama qui s'étend jusqu'aux contreforts des Alpes de la Suisse intérieure montre que le Säntis était véritablement prédestiné pour recevoir un observatoire météorologique et une station de télécommunications dont l'installation ressemble à une forteresse rocheuse.

▲▶ The Säntis peak – Ice Age and Modern Times
The view from Mt Säntis (8,205 ft) to the southwest gives an idea of what the region must have looked like during the last Ice Age, when only the highest elevations rose above the ice – as here above the thick mist, which completely obscures the Central Plateau. The distant view towards the foothills of the Alps of Inner Switzerland, on the other hand, shows that Mt Säntis was predestined as a base for a weather observatory – and for a radio and television transmitter, whose building resembles a rocky fortress.

▸ Appenzellerland – eine Landschaft weckt Kreativität
In dieser Gegend hat das Kunsthandwerk Tradition: Seit jeher haben Männer und Frauen auf ihren abgelegenen Bauernhöfen Kunstwerke geschaffen – in der Senntumsmalerei, am Stickrahmen oder am Webstuhl –, die heute von Museen und Sammlern gesucht sind. Daneben gab es Berühmtheiten, wie die Baumeisterfamilie Grubenmann, denen nicht nur die Orte Hundwil, Stein und Niederteufen, hier im Bild, sondern die ganze Nord- und Ostschweiz unzählige wertvolle Bauten verdanken.

▸ Le pays d'Appenzell – un paysage qui éveille la créativité
Dans cette région, l'artisanat s'enorgueillit d'une longue tradition: de tout temps, dans leurs fermes isolées, hommes et femmes ont créé des œuvres d'art – en peinture, sur leur tambour à broder ou leur métier à tisser – et qui sont aujourd'hui recherchées par les musées et les collectionneurs. Le pays d'Appenzell a également eu d'autres célébrités, ainsi les Grubenmann, une famille d'architectes auxquels non seulement les localités d'Hundwil, Stein et Niederteufen, ici sur la photo, mais également toute la Suisse du Nord et de l'Est doivent d'innombrables et précieux édifices.

▸ Appenzell – a countryside that stimulates creativity
The arts and crafts have a long tradition in this region: in their lonely farmhouses, men and women have been creating artefacts throughout the centuries – in the form of peasant art, embroidery, or woven articles – that are now sought after by museums and collectors. The region has also produced some famous names, such as the Grubenmann family of architects, who have created numerous important buildings – not only in Hundwil, Stein, and Niederteufen, shown here in our picture – but throughout the whole of north and east Switzerland.

◀▼ Bischofszell und Wil – Ostschweizer Kleinstadtidylle
Zu den Sehenswürdigkeiten des schon vor der Jahrtausendwende beim Zusammenfluss von Sitter und Thur gegründeten Städtchens Bischofszell gehört nebst prächtigen Bürgerhäusern die spätmittelalterliche Thurbrücke. Etwas jünger ist der Bezirkshauptort Wil. Die auf einem Hügel gelegene Altstadt hat ihren geschlossenen mittelalterlichen Charakter weitgehend beibehalten; die Stadtmauer allerdings wurde 1835 geschleift.

◀▲ Bischofszell et Wil – de petites villes idylliques dans la Suisse de l'Est
Bischofszell, qui fut fondée au Xe siècle près du confluent de la Sitter et de la Thur, compte, au nombre de ses curiosités, de magnifiques maisons bourgeoises et un pont de pierre de la fin du XVe siècle.
Wil, la capitale du district, est un peu plus récente. La vieille ville, bâtie sur une colline, a conservé en grande partie son caractère médiéval mais les murs d'enceinte ont été abattus en 1835.

◀▲ Bischofszell and Wil – idyllic small towns in East Switzerland
Bischofszell, founded in the 10th century at the confluence of the rivers Sitter and Thur, can boast some splendid town houses and this late medieval bridge over the Thur.
Wil, the district capital, is somewhat younger. The old part of the town, built on a hill, has retained much of its unspoilt medieval character; the town walls, however, were taken down in 1835.

▼▶ Stein am Rhein und Untersee
Die Kirche und die Riegelbauten der ehemaligen Benediktinerabtei St. Georgen waren im Mittelalter Ausgangspunkt der Gründung von Stein am Rhein. Berühmt ist das Städtchen vor allem dank seines unvergleichlichen Ortsbildes mit den zahlreichen farbenprächtigen Fassadenmalereien an den Bürgerhäusern im Bereich des Rathausplatzes. Vom Seerücken blickt man auf den in eine liebliche Landschaft eingebetteten Untersee mit den Werdinseln und Stein am Rhein.

▲▶ Stein am Rhein et l'Untersee (lac Inférieur)
L'église et les bâtiments à colombage de l'ancien couvent bénédictin de St.-Georges furent, au moyen âge, le point de départ de la fondation de Stein am Rhein, célèbre surtout par son pittoresque incomparable avec ses nombreuses maisons aux façades peintes autour du Rathausplatz. Des hauteurs avoisinantes, on peut contempler l'Untersee, entouré d'un charmant paysage, avec les îles de Werd et Stein am Rhein.

▲▶ Stein am Rhein and part of Lake Constance
The church and the half-timbered buildings of the former Benedictine Abbey of St George were the original, medieval, core of Stein am Rhein, now famous above all for its incomparable, intact urban ensemble with numerous, colourfully painted house façades. From the nearby heights there is a fine view of Untersee, one of the northern "fingers" of Lake Constance, set in a delightful landscape, with the Werd islands and Stein am Rhein.

Die Nordwestschweiz

Zürich und der Rest der Schweiz

Entscheidender als eine ganze Reihe anderer historischer Daten war für die Wirtschaftsregion Nordwestschweiz wohl der 22. November 1947: An diesem Tag landete auf dem noch kaum richtig fertiggestellten internationalen Flughafen Zürich-Kloten zum erstenmal offiziell ein Swissair-Flugzeug – keine besondere Sensation, nicht einmal ein Anlass, zu dem Regierungsvertreter herbeigeeilt wären, aber eindeutig ein weiterer Schritt Zürichs auf dem Weg zu dem Punkt, an dem man irgendwann Weltstadt ist.
Angefangen hatte der offenbar unaufhaltsame Aufstieg der Stadt Zürich bereits im 17. und 18. Jahrhundert mit der Seidenindustrie und dem Solddienst, auf die im 19. Jahrhundert eine umfassendere Industrialisierung, nun auch in Winterthur und im Tösstal, folgte. Einen wichtigen Sprung nach vorn machte Zürich um die Jahrhundertmitte mit dem Auf- und Ausbau eines Eisenbahnnetzes und dann vor allem mit dem Anschluss an die Gotthardbahn 1882 – zum nicht geringen Ärger Winterthurs, das mit dem Gegenprojekt einer »Nationalbahn«, die Zürich gezielt umfahren sollte, kläglich Schiffbruch erlitt. Zwar schaffte es Zürich 1848 nicht, Bundeshauptstadt zu werden – nicht etwa, weil Bern damals noch mehr Einwohner zählte als Zürich, sondern weil die Lage Berns in der Landesmitte und damit in unmittelbarer Nähe zur Westschweiz den Ausschlag gab. Dafür bekam Zürich statt der zunächst geplanten, dann aber nie verwirklichten Bundesuniversität 1855 die Eidgenössische Technische Hochschule, siegte im Wettstreit um den

◀ Zürich, Zürichsee und Limmat
Zwischen der zweiten und der vierten Brücke in der Limmat entstand in rund 2000 Jahren aus einer römischen Zollstation erst das mittelalterliche Zürich, dessen Umrisse hier noch leicht zu erkennen sind, dann das Zürich der Banken, des Gewerbes und der Versicherungen (rechts) und schliesslich die Grossagglomeration, die weit den See hinauf reicht. Mit rund 360000 Einwohnern ist Zürich bevölkerungsmässig zwar eher eine Kleinstadt, in der ganzen Region arbeiten und leben jedoch über eine Million Menschen.

La Suisse du Nord-Ouest

Zurich et le reste de la Suisse

Pour la région économique du nord-ouest de la Suisse, le 22 novembre 1947 a sans doute été plus important que toute une série d'autres dates historiques. C'est ce jour-là qu'un avion de la Swissair a atterri pour la première fois officiellement sur la piste ouest de l'aéroport international de Zurich-Kloten dont la construction n'était pas encore vraiment terminée: ce n'était pas à proprement parler une sensation, même pas une occasion nécessitant la présence de représentants du gouvernement, mais incontestablement une nouvelle étape de Zurich sur la voie qui allait faire de cette ville une grande capitale.
La montée apparemment irrésistible de Zurich a commencé dès les XVIIe et XVIIIe siècles avec l'industrie de la soie et le service de mercenaires; au XIXe siècle, c'est l'essor de l'industrialisation qui touche également Winterthur et la vallée de Töss. Au tournant du siècle, Zurich accomplit un grand bond en avant avec la construction et l'agrandissement d'un réseau ferroviaire et sa jonction, en 1882, avec le chemin de fer du St.-Gothard – au grand dam de Winterthur qui, avec son contre-projet de «chemin de fer national» – celui-ci devait contourner Zurich – essuya un cuisant échec. Certes, Zurich ne parvint pas, en 1848, à devenir capitale fédérale – non pas parce que Berne avait à l'époque plus d'habitants que Zurich mais parce qu'elle avait une situation centrale et était ainsi proche de la Suisse de l'Ouest. En contrepartie, Zurich devint le siège en 1855, pas de l'université fédérale qui, bien que prévue, ne fut jamais réalisée, mais de l'Ecole polytechnique fédé-

◀ Zurich, le lac de Zurich et la Limmat
C'est à partir d'un poste de péage romain entre le deuxième et le quatrième pont qui enjambent la Limmat que s'est développé au cours d'environ 2000 ans d'abord le Zurich médiéval, dont on peut encore distinguer les contours ici, puis le Zurich des banques, des affaires et des assurances (à droite) et enfin la conurbation qui s'étend bien au-delà du lac. Avec ses quelque 360000 habitants, la ville de Zurich est relativement petite, mais plus d'un million de personnes vivent et travaillent dans sa grande agglomération.

Northwest Switzerland

Zurich and the rest of Switzerland

November 22nd 1947 was probably more important than a whole lot of other historical dates for the economic region of Northwest Switzerland, for on that day the first official landing of a Swissair aircraft took place on the 2,000-yard west runway of the international airport of Zurich-Kloten, which was still not quite completed: not a great sensation, not even sufficient to entice a few government representatives to attend, but undoubtedly a further step on Zurich's way to the point where it became one of the world's great cities.
The apparently unstoppable rise of the city of Zurich began in the 17th and 18th centuries, when it was a centre of the silk industry and of the flourishing mercenary service which provided Europe's armies with Swiss soldiers; this was followed in the 19th century by full-scale industrialization, which was to spread to Winterthur and the Töss Valley. Zurich made an important leap forward at around the turn of the century with the construction and subsequent extension of a railway network and by linking it up with the Gothard Railway in 1882 – to the considerable annoyance of Winterthur, whose rival "national railway" project, which was intended to by-pass Zurich, turned out to be a miserable failure, and imposed a heavy strain on Winterthur's financial resources right into the 1930's. Zurich did not succeed in becoming the Federal capital in 1848 – not because Bern had more inhabitants than Zurich at that time, but because of its central position in the country and thus its closeness to West Switzerland. But to make

◀ Zurich, Lake Zurich, and the River Limmat
In the course of about 2,000 years, a simple Roman toll station between the present second and fourth bridge across the Limmat developed first into medieval Zurich, whose outlines are still clearly visible on this aerial photograph, then into the Zurich of banks, business, and insurance (right), and finally into the conurbation, which extends far along the lake. With its roughly 360,000 inhabitants, the city of Zurich is not very large, but in the region of greater Zurich over a million people live and work.

Standort des Schweizerischen Landesmuseums (eröffnet 1898) und überflügelte schliesslich als Finanzplatz auch die wesentlich älteren und traditionsreichen Wirtschaftszentren von Basel und Genf, denen vor allem die beschränkten räumlichen Ausdehnungsmöglichkeiten und die Randlage im Ersten wie im Zweiten Weltkrieg zum Verhängnis wurden, derweil Zürich munter expandieren konnte. Nach der zweiten Eingemeindung 1934 war Zürich unbestreitbar die grösste und bevölkerungsreichste Stadt der Schweiz und ist es seitdem geblieben – auch wenn die Einwohnerzahl von 440 000 im Jahr 1950 auf heute rund 365 000 sank. Dieser Bevölkerungsschwund macht zwar der Stadt Zürich Sorgen, das ändert jedoch nichts daran, dass die Agglomeration noch immer wächst und wächst und wächst.
Propagiert wurden der Neubau eines internationalen Flughafens und das finanzielle Engagement bei der Swissair gleich nach dem Weltkrieg mit dem Slogan »Wer nicht fliegt, wird überflügelt«. Gemeint war wohl etwas anderes, im Endeffekt lief aber auch diese Aktion darauf hinaus, daß die Zürcher Wirtschaft nun vollends »abhob« und den Rest der Eidgenossenschaft weit hinter und unter sich liess. Ob »Millionen-Zürich«, Wirtschaftsmetropole, Weltstadt oder heimliche Hauptstadt der Schweiz – Tatsache ist jedenfalls, dass in der Stadt, der Agglomeration und im Kanton Zürich ein Sechstel der Gesamtbevölkerung der Eidgenossenschaft lebt und dass hier ein Viertel des gesamten schweizerischen Volkseinkommens erwirtschaftet wird.
Diese Entwicklung ist aller Wahrscheinlichkeit nach noch nicht zu Ende: Ein S-Bahn-Netz und ein dichterer Fahrplan dehnen ab 1990 die Agglomeration vermutlich bis nach Sargans, Einsiedeln und Zug, nach Aarau, bis tief in die Ostschweiz und in den süddeutschen Raum aus. Schon heute werden die Gemeinden am Zürichsee, Teile der Kantone Schwyz und Aargau und die südlichen

rale, elle fut choisie pour accueillir le musée national suisse (inauguré en 1898) et finit par surpasser comme place financière les centres économiques beaucoup plus anciens et plus traditionnels de Bâle et de Genève, dont le manque d'espace pour s'agrandir et la situation en bordure du pays allaient leur être fatals pendant la Première et la Deuxième guerre mondiale tandis que Zurich pouvait se développer allégrement. Après la deuxième incorporation d'anciennes communes indépendantes en 1934, Zurich est incontestablement la plus grande et la plus peuplée des villes suisses, ce qu'elle est restée – même si le nombre de ses habitants est passé de 440 000 à 365 000 aujourd'hui. Cette baisse de la population inquiète certes la ville de Zurich mais dans le même temps son agglomération ne cesse de croître.
L'idée de construire un aéroport international et le soutien financier de la Swissair ont été propagés immédiatement après la guerre mondiale avec pour slogan que celui qui ne vole pas sera obligatoirement dépassé. Et le résultat final de cette action fut que l'économie zurichoise «décolla» véritablement en laissant loin derrière et au-dessous d'elle le reste de la Confédération. Quel que soit le qualificatif qu'on lui donne, métropole économique ou capitale secrète de la Suisse, le fait est qu'un sixième de la population helvétique vit dans la ville, son agglomération et le canton de Zurich et qu'un quart du produit national est réalisé ici. Mais ce n'est pas tout et, selon toute probabilité, ce développement n'est pas encore arrivé à son terme: à partir de 1990, un réseau de trains rapides et des rames plus fréquentes devraient étendre l'agglomération jusqu'à Sargans, Einsiedeln et Zoug, Aarau, jusqu'au fond de la Suisse de l'Est et jusqu'en Allemagne du Sud. Dès maintenant, les communes situées à gauche et à droite du lac de Zurich, des parties des cantons de Schwyz et d'Argovie et les communes sud de Schaffhouse sont considérées comme faisant

up for that, Zurich became the seat of the now famous Federal Polytechnic School in 1855, was also chosen as the site of the Swiss National Museum (opened in 1898), and finally outstripped the considerably older and traditional commercial centres of Basle and Geneva – which suffered in particular from the limited room available for expansion, and, during the two world wars, when Zurich was able to expand vigorously, from their positions at the western fringe of the country.
After the second incorporation of further formerly independent nearby communities in 1934, Zurich was indisputably the largest and most populous city in Switzerland, and has remained so – even though there has been a drop from its peak population of 440,000 in 1950 to the present 365,000. This shrinking of the population is a source of concern to the city, but at the same time the population of the conurbation is incessantly growing.
The idea of building a new international airport in the extensive swampy area round Kloten and the necessary financial support for Swissair were propagated directly after the war with a slogan implying that anyone who did not fly with the times would be hopelessly left behind. The ultimate result was that the Zurich economy really did "take off", leaving the rest of the country below and behind it. Whether it is described as the financial metropolis or the secret capital of Switzerland, the fact remains that a sixth of the country's population lives in the city, the conurbation, and Canton Zurich, and that a quarter of the national product is generated here.
But that is only part of the story, and in all probability the development is not yet at an end: from 1990, a fast suburban train network with a more frequent service is expected to extend the conurbation as far as Sargans, Einsiedeln, and Zug, to Aarau, and far into East Switzerland, and into the southern part of West Germany. Even today the communities to the left and right of Lake Zurich, parts of

Gemeinden Schaffhausens selbstverständlich zum Zürcher Einzugsgebiet gerechnet, Wohnungen in Stein am Rhein oder gar in Luzern sind kaum mehr billiger als in Zürich. Dabei wurde der Ausbau des Bahnnetzes zur S-Bahn nicht, wie sonst allgemein üblich, durch die Bundesbahnen finanziert; einen erheblichen Teil der Kosten bezahlte der Kanton locker aus der eigenen Tasche. Zusammen mit der Fertigstellung des Nationalstrassennetzes – es fehlt, zumindest aus der Sicht der Wirtschaft, noch immer der Anschluss der Nord- und der Nordostschweiz an den Gotthardzubringer – wird sich die Verkehrslage Zürichs somit nochmals wesentlich verbessern.
Besorgt oder neidvoll spricht man in den Nachbarkantonen denn auch immer häufiger vom »Wirtschaftswasserkopf Zürich«, und mehr oder weniger deutlich wird aus Basel, Solothurn und Bern der Vorwurf hörbar, Zürich ziehe rücksichtslos und selektiv die wachstumsträchtigsten Branchen mit hoher Wertschöpfung an sich und überlasse den Mit-Eidgenossen die eher krisenanfällige industrielle Fertigung, die Lagerung und Warenverteilung. Tatsächlich fallen rund 90 Prozent der Umsätze in der Computerbranche in der Agglomeration Zürich an, neben Zürich haben die Börsen von Basel und Genf schlicht nichts mehr zu berichten, einige der weltweit grössten Versicherungen sitzen in Zürich, und hier sind neben den umsatzstärksten Werbeagenturen auch die Hälfte der grössten Medienunternehmungen der Schweiz ansässig. Universität und Eidgenössische Technische Hochschule sorgen überdies mit insgesamt 30000 Studierenden für Akademikernachschub – und vermögen der Nachfrage doch nicht zu genügen.
Andere Kantone scheinen sich allerdings mit der Dominanz Zürichs klaglos abgefunden zu haben, und es gibt Regionen der Schweiz, die sich mit dem »Wasserkopf« ganz ordentlich arrangiert haben, zum eigenen Vorteil übri-

partie de la zone attenante à Zurich et les logements à Stein am Rhein ou même à Lucerne ne sont guère meilleur marché qu'à Zurich. Et cette extension du réseau ferroviaire n'a pas été financée par les chemins de fer fédéraux comme c'est généralement le cas; le canton a payé sans sourciller une grande partie des frais de sa propre poche. Avec en plus l'achèvement du réseau de routes nationales – de l'avis de l'industrie du moins, il faut encore un raccordement de la Suisse du Nord et du Nord-Est à la route d'accès au St.-Gothard – la situation de Zurich sur le plan des communications sera une fois de plus considérablement améliorée.
Dans les cantons voisins, on suit avec inquiétude ou envie ce développement que l'on estime démesuré et, à Bâle, Soleure et Berne, on reproche plus ou moins ouvertement à Zurich de sélectionner impitoyablement uniquement les branches en expansion les plus rentables et de laisser aux autres des secteurs comme ceux de la production industrielle, du stockage et de la distribution, qui sont plus influencés par la conjoncture économique. Et il est vrai qu'environ 90 pour cent du chiffre d'affaires dans le secteur des ordinateurs sont réalisés dans l'agglomération de Zurich, que les bourses de Bâle et de Genève jouent un rôle mineur à côté de celle de Zurich, que quelques-unes des plus grandes compagnies d'assurance ont leur siège à Zurich et qu'en plus des grosses agences de publicité, la moitié des plus grandes entreprises de medias suisses y sont basées. En outre, avec leurs 30000 étudiants, l'Université et l'Ecole polytechnique fédérale fournissent en permanence de nouveaux contingents d'universitaires sans pour autant satisfaire apparemment la demande.
D'autres cantons, par contre, semblent s'être faits sans broncher à la suprématie de Zurich et il y a des régions suisses qui se sont même accommodées de cette situation, à leur avantage. Ainsi, depuis des décennies, les Grisons

Cantons Schwyz and Aargau, and the southern parts of Schaffhausen are regarded as belonging to the Zurich catchment area, and housing in Stein am Rhein, or even in Lucerne, is hardly any cheaper than in Zurich. And this extension of the railway network has not been financed by the Federal Railways, as is usually the case; a substantial part of the cost has been cheerfully paid by the canton itself. This, together with the finishing of the national road network – from the point of view of industry, at least, a connection between North and Northeast Switzerland and the St Gothard link road is still necessary – Zurich's key position will once again be considerably improved.
The neighbouring cantons regard what they consider to be Zurich's inordinate growth with a mixture of concern and envy, and from Basle, Solothurn, and Bern come implied or outspoken reproaches suggesting that Zurich is ruthlessly and selectively attracting only those branches of industry and commerce that promise both growth and the highest profits, while leaving to the rest of Switzerland such sectors as industrial production, storage, and distribution, which are more subject to the effect of economic crises. And, indeed, the truth is that about 90 per cent of the turnover in the computer sector is made in the Zurich conurbation, that the Basle and Geneva stock exchanges are insignificant compared with Zurich, that some of the world's largest insurance companies are based in Zurich, and that here, in addition to the biggest advertising agencies, half of the largest Swiss media concerns are concentrated. Furthermore, the university and the Federal Polytechnic School, with their 30,000 students, provide a constant supply of graduates – and yet apparently can still not keep up with demand.
Other cantons, however, seem to have reconciled themselves to Zurich's dominant role, and there are Swiss regions which have adjusted to the situation to their own advan-

gens. Seit Jahrzehnten etwa beliefert der Kanton Graubünden Zürich mit Strom und verdient daran nicht schlecht, ausserdem ist Graubünden Zürichs bevorzugter Ferien- und Wintersportkanton. Beliebtes Naherholungsgebiet ist mehr und mehr auch der Kanton Schwyz, sein Trinkwasser bezieht Zürich zum Teil aus den Quellfassungen in der Moränenlandschaft des Kantons Zug, und Zug hat es ausserdem verstanden, seine geographische Nähe zu Zürich und seinem Flughafen mit einer Steuergesetzgebung dergestalt zu kombinieren, dass der Mini-Kanton zum Sitz zahlreicher Holdinggesellschaften und international tätiger Briefkastenfirmen wurde.
So gesehen, erscheint die Wirtschaftsmetropole Zürich ein bisschen wie der sprichwörtliche vermögende Onkel, der seine Verwandten ganz selbstverständlich an seinem Reichtum teilhaben lässt. In Zürich selbst nimmt man denn die Besorgnis über das angeblich masslose Wachstum meist eher verwundert zur Kenntnis. Den Zürchern jedenfalls kommt es manchmal so vor, als müssten sie heute Aufgaben übernehmen und Funktionen ausüben, die sie gerne anderen überliessen.
Dass sowohl der Aargau wie der Kanton Luzern vor einigen Jahren die Neugründung einer eigenen Universität ablehnten, war sicher nicht die Schuld der Zürcher – aber eine Folge davon ist, daß Zürich zu viele Studenten hat.
Wenn Zürich so noch von vielen anderen Dingen genug oder gar zu viel hat, so fehlt es der Stadt doch seit Jahren an Platz. Während die Landschaft ringsum zersiedelt wird und streckenweise amerikanisches Suburbia-Aussehen annimmt, wirkt Zürich selbst auch heute noch eher wie ein grosses, hellerleuchtetes Dorf, die Zürcher ihrerseits sehen sich noch immer vornehmlich als zwar erfolgreiche, aber doch eigentlich kleine Gewerbetreibende. Wobei man nie so genau weiss, ob sie das tatsächlich meinen, oder ob es sich um taktische Tiefstapelei handelt.

approvisionnent Zurich en électricité et s'en trouvent fort bien et sont, de surcroît, de plus en plus le canton favori de Zurich pour les vacances et les sports d'hiver. Le canton de Schwyz également est de plus en plus une région de détente pour les Zurichois et Zurich reçoit une partie de son eau potable des sources de la région morainique du canton de Zoug; Zoug a également réussi à combiner sa situation géographique proche de Zurich et de son aéroport avec une législation fiscale de telle manière que le minicanton est devenu le siège de nombreuses sociétés holding et d'entreprises fictives actives au niveau international.
Ainsi considérée, la métropole commerciale de Zurich ressemble un peu au riche oncle proverbial qui fait participer tout naturellement ses parents à ses richesses. A Zurich même, les inquiétudes que soulève sa croissance soi-disant excessive sont généralement accueillies avec plus de surprise qu'autre chose. En tout cas, les Zurichois ont parfois l'impression qu'ils doivent se charger de tâches et de fonctions qu'ils préféreraient laisser à d'autres. Que le canton d'Argovie tout comme le canton de Lucerne aient refusé, il y a quelques années, la création de leurs propres universités n'est certainement pas la faute de Zurich – mais a eu pour conséquence que Zurich a maintenant trop d'étudiants.
Cependant si Zurich a encore bien d'autres choses en suffisance ou même en abondance, il manque à la ville de l'espace et ceci depuis des années. Tandis que l'on construit sans cesse dans la région environnante et que celle-ci prend par endroits des allures de grande banlieue américaine, la ville de Zurich ressemble, elle, aujourd'hui encore à un gros village bien éclairé et les Zurichois se considèrent toujours avant tout comme de petits commerçants et industriels, prospères certes mais petits tout de même. Mais on ne sait évidemment pas s'ils sont vraiment sincères ou s'il s'agit là d'une humilité tactique.

tage. Grisons, for example, has supplied Zurich with electric power for decades, and does not do badly from it, and, in addition, the same canton is Zurich's favoured holiday and winter-sports region. Canton Schwyz, too, is becoming increasingly popular as an excursion area for the Zurich population, and Zurich gets part of its water from the springs in the moraine-strewn countryside of Canton Zug; and Zug has also succeeded in combining the advantage of its proximity to Zurich and its airport with local tax laws in such a way that this mini-canton has become the seat of numerous holding companies and internationally active letter-box companies.
Seen in this light, the commercial metropolis of Zurich looks a bit like the proverbial rich uncle who allows his relations to share in his wealth as a matter of course. In Zurich itself, the concern expressed regarding its alleged excessive growth is usually registered with amazement rather than anything else. Indeed, the Zurich people sometimes have the feeling that they now have to take on tasks and functions which they would rather leave to others. The fact that both the Aargau and Canton Lucerne a few years ago rejected the idea of founding their own universities was certainly not Zurich's fault – but one consequence is that Zurich has too many students.
And yet even if Zurich has an abundance, or even superabundance, of many other things, what the town has been short of for years is space. While the surrounding countryside is being built on indiscriminately, and in parts resembles an American-style suburbia, Zurich itself still rather makes the impression of a large, brightly-lit village, and the Zurich people still primarily see themselves as small, if successful, tradesmen and businessmen – although it is never quite clear whether they really think this, or whether it is not, perhaps, simply a form of tactical understatement.

▲ **Der Rheinfall – Verkehrshindernis und Naturschauspiel**
Lange Zeit war der Rheinfall bei Schaffhausen einfach ein lästiges Hindernis: Hier mussten die Schiffe entladen, das Stückgut zu Fuss hinunter- oder hinaufgetragen und dann wieder auf Boote verladen werden. Schön und einen Umweg wert fand man die Stromschnellen und den Wasserfall erst ab Mitte des 18. Jahrhunderts. Zu den Merkwürdigkeiten, die es auf einer Schweizer Reise zu besichtigen galt, gehörte nun auch diese »fürwahr fürchterlich schöne Scene«, da die »Gewalt des wütenden Wassers« angeblich gar den Boden unter den Füssen zum Erzittern brachte.

▲ **Les chutes du Rhin – obstacle et attraction naturelle**
Pendant longtemps, les chutes du Rhin près de Schaffhouse ont été un obstacle gênant: les bateaux devaient être déchargés à cet endroit, leur cargaison amenée à pied au-delà des chutes pour être rechargée sur des bateaux. Ce n'est qu'à partir du milieu du XVIIIe siècle que l'on commença à admirer les chutes et les rapides du Rhin. Désormais cette «scène d'une beauté vraiment terrifiante» car la «force de l'eau déchaînée» faisait même trembler le sol sous les pieds des spectateurs fit partie des curiosités qu'il fallait voir lors d'un voyage en Suisse.

▲ **The Rhine Falls**
For a long time the Rhine Falls near Schaffhausen were regarded as nothing but a tiresome obstacle: here the freight travelling by Rhine boats had to be unloaded, carried to above or below the falls, and there be reloaded. The beauty of the falls and rapids was 'discovered' only from the middle of the 18th century. From then on this "truly terribly beautiful scene", the "force of whose raging waters" allegedly made the ground tremble under the feet of the spectator, became one of the sights that had to be seen by any traveller in Switzerland.

▲ **Schaffhausen**
Verhältnismässig spät erst kam Schaffhausen zu seinem Wahrzeichen: Der in seinen Dimensionen aussergewöhnliche Munot hoch über der Altstadt (rechts im Bild) wurde erst in den Jahren 1564–1584 errichtet, als die Wehrbauten und Stadtburgen andernorts in Europa längst aus der Mode gekommen waren. 1372 zerstörte ein verheerender Stadtbrand die hochmittelalterliche zivile Bausubstanz fast vollständig, nur Teile der Stadtbefestigung mit Turm (Hintergrund) und Mauern sowie das Kloster Allerheiligen (links im Bild) überstanden den Brand.

▲ **Schaffhouse**
C'est relativement tard que Schaffhouse fut dotée de son emblème: la forteresse du Munot, qui domine la vieille ville (à droite sur l'image), ne fut construite qu'entre 1564 et 1584, alors que fortifications et citadelles étaient passées de mode depuis longtemps dans le reste de l'Europe. En 1372 un terrible incendie détruisit presque complètement les édifices datant du haut moyen âge, seule une partie des fortifications (en arrière-plan) avec la tour et le mur d'enceinte ainsi que le couvent d'Allerheiligen (à gauche sur l'image) échappèrent aux flammes.

▲ **Schaffhausen**
Schaffhausen's emblem, the keep called 'Munot', an unusually large specimen of this type of building, on a site high above the old town (right of picture), was built in 1564 to 1584, when fortifications and citadels had long since gone out of fashion. Schaffhausen's Old Town is also comparatively new: the late-medieval town was almost completely destroyed by a fire in 1372, only parts of the town's fortifications with tower (background) and walls, and All Saints Monastery (left of picture) surviving. Thus the oldest domestic buildings are late Gothic.

Der Schuhmacherbrunnen
Aus der Zeit des Barock und des Rokoko stammen die für Schaffhausen typischen, reich ornamentierten Fassaden, Erker und Halberker und die Brunnen mit den prachtvoll gearbeiteten Figuren. Neben der Altstadt sind es vor allem die beiden Museen, das Museum Allerheiligen und die Hallen für neue Kunst, die Schaffhausen zu einem lohnenden Ziel machen.

La fontaine des cordonniers
Les façades richement décorées, les oriels et les demi-oriels ainsi que les fontaines avec leurs statues magnifiques datent de la période baroque et rococo. En plus de la vieille ville au charme inégalé, les deux musées, le musée Allerheiligen et le Centre d'art contemporain font de Schaffhouse un but d'excursion incontournable.

The Shoemaker's Fountain
The characteristic features of Schaffhausen date from the Baroque or Rococo times: the richly ornamented façades, oriels and half-oriels, and fountains with splendidly wrought figures. Apart from the Old Town, it is mainly the two museums (Museum Allerheiligen, and the Hallen für neue Kunst) that make Schaffhausen well worth a visit.

▸ Brückenstädtchen am Rhein: Eglisau
Direkt am Rhein liegt Eglisau erst seit 1916, nachdem durch den Bau des Kraftwerks Rheinfelden der Wasserspiegel bis zum Fuss der Kirche und der flusseitigen Häuser anstieg. Die Brücke, die bei der Kirche über den Rhein führte, musste flussabwärts neu gebaut werden. Eine Rheinbrücke, Mauern und Türme, die den Rheinübergang sichern, werden im 13. Jahrhundert erstmals erwähnt, sind aber sicher älter. Die ältesten Spuren eines befestigten Rheinübergangs datieren ins 11. Jahrhundert.
▸▸ Laufenburg
Bei den Stromschnellen im Rhein, den »Laufen«, stand auf dem Hügel am Ufer einst ein römischer Wachtturm, am Fluss selbst lag eine Fischersiedlung. 1207 gründet Rudolf II. von Habsburg hier eine Stadt, sichert sie durch eine Burganlage und lässt eine Brücke über den Rhein schlagen. Die heutige Rheinbrücke entstand 1910.

▸ Petites villes autour de ponts sur le Rhin: Eglisau
Eglisau ne se trouve directement sur le Rhin que depuis 1916, c'est-à-dire après que le niveau d'eau soit monté, du fait de la construction de la centrale électrique de Rheinfelden, jusqu'au pied de l'église et des maisons bâties près du fleuve. Le pont, qui enjambait le Rhin près de l'église, a dû être reconstruit en aval de la rivière. Un pont du Rhin, des murs et des tours qui protégeaient le passage du Rhin, sont mentionnés pour la première fois au XIIIe siècle mais ils ont sans doute été construits avant. Les traces les plus anciennes d'un passage fortifié remontent au XIe siècle.
▸▸ Laufenburg
Une tour de guet romaine couronnait autrefois la colline au bord du fleuve près des rapides du Rhin et il y avait un village de pêcheurs sur le fleuve même. En 1207, Rodolphe II de Habsbourg fonda ici une ville, y construisit un château pour la protéger et fit jeter un pont sur le Rhin. L'actuel pont du Rhin fut construit en 1910.

▸ Towns around bridges over the Rhine: Eglisau
Eglisau has only been directly on the Rhine since 1916, when, as a result of the building of the Rheinfelden Power Station, the water rose to the level of the church and the houses near the river. The bridge which crossed the river near the church had to be newly built further downstream. The first documentary evidence of a Rhine bridge, and of fortifications to protect the crossing, dates back to the 13th century, but there was certainly a bridge here before that time, as the oldest traces of a fortified Rhine crossing in Eglisau date back to the 11th century.
▸▸ Laufenburg
A Roman watch-tower once stood on the hill by the river near the Rhine rapids, and there was also once a fishing village directly on the river. In 1207, Rudolf II of Habsburg founded a town here, built a castle to protect it, and had a bridge thrown across the Rhine. The present bridge was constructed in 1910.

▸▾ Historische Städte in industrieller Umgebung
Zusammen mit Zürich zählen Baden und Winterthur zu den Städten der Schweiz, die im 19. und 20. Jahrhundert am intensivsten industrialisiert wurden. Die mittelalterliche, auf das 13. Jahrhundert zurückgehende Altstadt von Baden blieb dabei jedoch weitgehend unangetastet, auch die Badekultur wird hier weiterhin gepflegt (links). Und Winterthur, um 1170 gegründet, hat sich nicht nur seine Altstadt intakt erhalten, es schuf sich im 19. Jahrhundert auch einen Ring grosszügiger Parkanlagen, die Winterthur den Beinamen Gartenstadt eingetragen haben.

▸▴ Des villes historiques dans un environnement industriel
Avec Zurich, Baden et Winterthur comptent parmi les villes de Suisse qui ont connu l'industrialisation la plus poussée aux XIXe et XXe siècles. La partie médiévale de Baden, qui date du XIIIe siècle, est cependant restée en grande partie intacte et la station thermale (à gauche) attire toujours les curistes. Et Winterthur, qui fut fondée vers 1170, a non seulement préservé ses vieux quartiers mais s'est encore aménagé, au XIXe siècle, une ceinture de vastes parcs qui lui a valu le surnom de cité-jardin.

▸▴ Historical towns in an industrial environment
Apart from Zurich, it was Baden, and Winterthur that were subjected to the most intense industrialization process in the 19th and 20th centuries. The old, medieval part of Baden, which dates back to the 13th century, however, was largely unspoilt, and the spa amenities are still intact (left). And Winterthur, founded in about 1170, has not only preserved its old centre, but, in the 19th century, also created a ring of extensive parks which have earned the town the nickname of 'garden city'.

▼▶ Technikums-Bahn und High-tech-Architektur
Mit dem stürmischen Wachstum der Stadt Zürich nach der Schleifung der Bastionen entstanden Neubauten vermehrt auch an den Hängen über der Altstadt, so 1861–1864 die Eidgenössische Technische Hochschule. Bequemlichkeit und Technikbegeisterung führten 1889 zum Bau einer eigenen kleinen Bergbahn, die heute noch den Seilergraben auf einer Eisenbrücke quert. Zu den wenigen wirklich bedeutenden Beispielen moderner High-tech-Architektur in der Schweiz zählt das Fernmeldezentrum der Postbetriebe in Zürich-Herdern, erbaut 1974–1978 von Theo Hotz.

▲▶ Funiculaire et architecture high-tech
Dans la vague d'expansion foudroyante qu'a connue la ville de Zurich après la démolition des fortifications, de plus en plus d'immeubles ont également été construits sur les versants au-dessus de la vieille ville, dont l'Ecole polytechnique fédérale en 1861–1864. Un souci de confort et un engouement pour la technique amenèrent la construction, en 1889, d'un funiculaire. Un des rares exemples vraiment importants d'architecture high-tech moderne en Suisse est le Centre de télécommunications des Postes à Zurich-Herdern, construit en 1974–1978 par Theo Hotz.

▲▶ 'Technikum Railway' and high-tech architecture
The vigorous development of the city of Zurich after the fortifications had been demolished led to an increasing number of buildings being erected also on the slopes above the old town; one of them was the Federal Polytechnic School, built in 1861–1864. Love of convenience and enthusiasm for technology led to the building in 1889 of a special little mountain railway running up to the school. One of the few really important examples of modern architecture in Switzerland is the high-tech Telecommunications Centre of the Post Office in Zurich-Herdern.

Stadt Zürich
Central
UBS
POLYBAHN
UBS
Hochschule

PTT
SAMEN
KINDERWAGEN

◀▼ Stadtgeschichte auf engstem Raum
Am linken Limmatufer sind auf kleinstem Raum 2000 Jahre Zürcher Stadtgeschichte präsent: Auf dem heute baumbestandenen Lindenhof errichteten die Römer einst ihr Kastell, der schlanke Turm des Fraumünsters erinnert an die Klosterherrschaft, die bis weit ins Hochmittelalter hinein bestand, das Bauschänzli in der Limmat ist ein Überbleibsel der vierten Wallbefestigung von 1660, das Stadthaus gehört bereits dem 20. Jahrhundert an, während die Augustinergasse mit ihren barocken Erkern (unten) noch Bauten des 13.–18. Jahrhunderts vorzeigen kann.

◀▲ Un concentré d'histoire urbaine
2000 ans d'histoire de Zurich sont réunis dans un espace réduit sur la rive gauche de la Limmat. Sur la hauteur du Lindenhof, aujourd'hui planté d'arbres, les Romains avaient érigé autrefois un castel; la tour élancée du Fraumünster rappelle le pouvoir des monastères qui dura jusqu'en plein haut moyen âge; le «Bauschänzli» dans la Limmat est un vestige de la quatrième enceinte fortifiée de 1660; l'hôtel de ville appartient déjà au XXe siècle tandis que la Augustinergasse avec ses oriels baroques (en haut) s'enorgueillit encore d'édifices des XIIIe et XVIIIe siècles.

◀▲ The city's "potted" history
2,000 years of Zurich's history is represented on the left bank of the Limmat in a very small space: on the open place called Lindenhof, now planted with trees, the Romans once built their fort; the slim church tower of the Fraumünster is a reminder of the power of the monasteries, which lasted far into the high Middle Ages; the 'Bauschänzli' in the Limmat is a relic of the fourth circumvallation of 1660; the City Hall belongs to the 20th century; while Augustinergasse, with its Baroque oriels (above), can boast buildings dating back to between the 13th and 18th centuries.

▲▶ Grossmünster, Limmatquai und oberer Zürichsee
Wahrzeichen der Stadt Zürich ist das Grossmünster, der Sage nach soll es von Karl dem Grossen persönlich gegründet worden sein. Die Fundamente der heutigen Anlage entstanden jedoch erst gegen 1100, die Säulenbasilika selbst wurde im 12. und 13. Jahrhundert errichtet. Die Türme, bis dahin nur bis zum zweiten Fensterbogen reichend, wurden 1487 in gotischem Stil erhöht.
Nur knapp eine halbe Stunde vom geschäftigen Stadtzentrum entfernt trifft man auf weite, landwirtschaftlich genutzte Gebiete wie hier bei Schönenberg und Hütten.

▲▶ Le Grossmünster, le Limmatquai et le lac supérieur
Symbole de la ville de Zurich, le Grossmünster aurait, selon la légende, était fondé personnellement par Charlemagne. La date des fondations de l'édifice actuel ne se situe toutefois que vers 1100 tandis que la basilique elle-même a été construite aux XIIe et XIIIe siècles. Les tours, qui jusque-là ne s'élevaient que jusqu'au deuxième linteau de fenêtre, furent érigées en style gothique en 1487.
A une demi-heure à peine du centre animé de la ville, on trouve dans le canton de vastes étendues agricoles comme ici près de Schönenberg et Hütten.

▲▶ Grossmünster, Limmatquai, and upper Lake Zurich
According to legend, the Grossmünster (Cathedral), Zurich's emblem, was founded by Charlemagne personally. The foundations of the present building, however, date back only to about 1100, while the basilica itself was built in the 12th and 13th centuries. The towers, which originally only rose to the level of the second window lintel, were constructed in the Gothic period (1487) under Mayor Hans Waldmann.
Only half an hour away from the busy city centre the canton is delightfully rural, as here near Schönenberg and Hütten.

◂ Schloss und Städtchen Rapperswil am Zürichsee
Um 1200 verlegten die Herren von Rapperswil ihren Sitz vom etwas abgelegenen Altendorf in die Fischersiedlung Endingen, vor allem auch deshalb, weil sich die Engstelle zwischen Obersee und unterem Zürichsee zum Bau einer Brücke und zur Erhebung von Zöllen vorzüglich eignete. Auf einem Hügel am See entstanden so nach 1200 Schloss, Kirche St. Johannes und Städtchen Rapperswil. Auch wenn die während Jahrhunderten verhältnismässig freie und autonome Stadt 1803 zu St. Gallen geschlagen wurde, so hat sie sich doch bis heute eine gewisse Eigenständigkeit bewahrt und ist wirtschaftlich das Zentrum einer Region, die Teile der Kantone Zürich, Schwyz und Glarus umfasst.

◂ Le château fort et la petite ville de Rapperswil au bord du lac de Zurich
Vers 1200, les seigneurs de Rapperswil déplacèrent leur siège d'Altendorf, un endroit quelque peu reculé, dans la colonie de pêcheurs d'Endingen, principalement sans doute parce que le détroit entre l'Obersee et le bassin inférieur du lac de Zurich convenait merveilleusement bien à la construction d'un pont et d'un poste de péage. A partir de 1200, le château, l'église St.-Jean et la petite ville de Rapperswil furent ainsi construits sur une éminence au bord du lac. La ville, qui fut relativement libre et autonome pendant des siècles, a été incorporée en 1803 au canton de St.-Gall mais elle a gardé jusqu'à maintenant une certaine indépendance et est le centre économique d'une région qui comprend des parties des cantons de Zurich, Schwyz et Glaris.

◂ Rapperswil – castle and town on Lake Zurich
In about 1200 the von Rapperswil family moved their seat from the rather remote site at Altendorf to the fishing settlement at Endingen – no doubt also because the strait between the Upper and the Lower Lake was a suitable site for a bridge and a toll station. From 1200 onwards a castle, the church of St John, and the little town of Rapperswil were all built. The town, which had been relatively free and autonomous for centuries, was incorporated in Canton St Gallen in 1803, but it has nevertheless preserved a degree of independence, and is the economic centre of a region which includes parts of the cantons of Zurich, Schwyz, and Glarus.

Zentral-, Ur- oder Innerschweiz?

Es ist in keiner Weise verächtlich gemeint, wenn die Westschweizer die Urschweiz jeweils ganz selbstverständlich *la suisse primitive* nennen. Denn primitiv bezeichnet in diesem Zusammenhang – und auch nach dem Petit Robert – den Keim, die Wurzel, den Ursprungsort, das Kernland der Eidgenossenschaft, die Region mithin, in der die spätere Schweiz ihren Anfang nahm. Und auch etwas von urtümlich, unverderbt, von einem Zustand wie vor dem Sündenfall schwingt in diesem »primitiv« mit. Tatsächlich scheinen vor allem die Westschweizer den Urkantonen und hier wieder insbesondere dem Rütli eine Form der Bewunderung und Verehrung entgegenzubringen, die an Ort und Stelle eher Verwunderung auslöst und gelegentlich gar komisch berührt.
Leicht verärgert reagiert man in der Innerschweiz allerdings, wenn auch geographisch näherliegende Eidgenossen die Kantone Uri, Schwyz und Unterwalden und allenfalls auch noch Zug typologisch-historisch in einen Topf werfen oder gar noch die Ungeschicklichkeit begehen, Luzern der Innerschweiz zuzurechnen. Denn es ist mehr als eine Frage der blossen Wortwahl und der Beliebigkeit der Begriffsverwendung, wenn man in den Inneren Landen meist sehr sorgfältig zwischen Innerschweiz, Urschweiz und Zentralschweiz unterscheidet. Dabei ist gerade die Zentralschweiz eine verhältnismässig junge Wortschöpfung, eine Kreation von Hoteliers, Verkehrsunternehmungen und Mietwagenbesitzern, die unter diesem Titel die Gotthardbahn und den Pilatus, die Höllgrotten bei

◂ **Aegerisee und Blick in die Alpen**
Der Aegerisee im Kanton Zug, eines der Überbleibsel der letzten Eiszeit, zählt zu den kleineren Voralpenseen der Innerschweiz. Die Lage – der See liegt auf einer Höhe von 728 Metern – und die unmittelbare Nähe zu Zug und im weiteren auch zu Zürich haben die einstigen Bauern- und Fischerdörfer Unter- und Oberägeri in zunehmendem Mass zu Kurorten und zur Wohnheimat für Auswärtige werden lassen. Im Hintergrund die Rigi, leicht rechts davon der Pilatus, dahinter die Innerschweizer Alpen.

Suisse centrale, primitive ou intérieure?

Cela n'a absolument rien de péjoratif lorsque les Suisses de l'Ouest qualifient tout naturellement la Suisse centrale de Suisse *primitive.* Car, dans ce contexte, primitif signifie, comme l'indique également le Petit Robert, ce qui est à l'origine, le plus ancien, qui est donc la source, le noyau de la Confédération helvétique, la région à partir de laquelle la Suisse s'est développée. Mais ce primitif a également comme un parfum de paradis, de naturel, il évoque quelque chose d'intact. Il faut dire que les Suisses, de l'Ouest surtout, portent aux cantons primitifs, les trois pays qui furent les premiers confédérés, et en particulier à la prairie de Rütli, une admiration et un respect que les habitants de la région trouvent assez surprenants et un tantinet ridicules.
Mais les Suisses des cantons primitifs réagissent plutôt mal lorsque leurs concitoyens, qui bien que plus proches géographiquement d'eux devraient être mieux informés, mettent dans le même sac typologique et historique leurs cantons d'Uri, de Schwyz et d'Unterwalden et parfois celui de Zoug et poussent même la maladresse jusqu'à inclure Lucerne dans la Suisse intérieure. Car ce n'est pas seulement une question de choix des mots ou de préférence terminologique lorsque dans ces pays de l'intérieur on fait une distinction, généralement très précise, entre la Suisse intérieure, la Suisse primitive et la Suisse centrale. De ces trois appellations, celle de Suisse centrale est d'origine assez récente, c'est une création des hôteliers, des agences de voyages et de location de voitures qui ont ainsi englobé de façon commode pour promouvoir

◂ **Le lac d'Aegeri avec une vue sur les Alpes**
Le lac d'Aegeri dans le canton de Zoug, un vestige de la dernière période glaciaire, fait partie des plus petits lacs préalpins de la Suisse centrale. Sa situation – il se trouve à une altitude de 728 mètres – et le fait qu'il soit proche de Zoug et non loin de Zurich ont amené les anciens villages de paysans et de pêcheurs d'Unterägeri et d'Oberägeri à se transformer de plus en plus en stations climatiques. Au fond, on aperçoit le Rigi, un peu à sa droite le mont Pilate et, derrière, les Alpes de Suisse intérieure.

Central, 'Original', or Inner Switzerland?

When the West Swiss refer to this region as *suisse primitive* there are absolutely no pejorative overtones in the phrase. For in this connection primitive means the germ, the root, the original place, the core of the Swiss Confederation, the region, in other words, where Switzerland had its beginnings. But there are also connotations such as primeval, or unspoilt – even paradisaical. Indeed, the Swiss in general, and the West Swiss in particular, seem to admire the original cantons – Uri, Schwyz, and Unterwalden – which formed a defensive alliance against the Habsburgs, and, in particular, the Field of Rütli (where the representatives of the three cantons swore an oath of eternal allegiance), in a way that seems faintly ridiculous to the local inhabitants.
The Confederates in Inner Switzerland, however, tend to react rather allergically when these three cantons (which are, of course, geographically contiguous), together perhaps with the Canton of Zug, are thrown, as it were, into one typological and historical pot by countrymen of theirs who live nearer, and should therefore know better. This faux pas is exacerbated still further if Lucerne is also included. For it is more than simply a question of choice of words and of terminology which makes the people of this region usually differentiate very carefully between Inner Switzerland, 'Original' Switzerland, and Central Switzerland. Of these terms, Central Switzerland is a relatively new coinage, created by hoteliers, travel organizations, and car rental companies to designate convenient

◂ **Aegerisee and view of the Alps**
Lake Aegeri in Canton Zug, a relic of the last Ice Age, is one of the smaller pre-alpine lakes in Inner Switzerland. The favourable site above the winter mists – the lake lies at an altitude of 2,388 ft – and the fact that Zug is close by and Zurich not far away, have resulted in the one-time farming and fishing villages of Unterägeri and Oberägeri developing into resorts, and to places of retreat. In the background we can see Mt Rigi, slightly to the right of it is Mt Pilatus, and behind that are the Inner Swiss Alps.

Baar und das Kloster Einsiedeln, Luzern und den Vierwaldstätter See, den Bruder Klaus im Ranft, die Felchen aus dem Aegerisee und Wilhelm Tell in Altdorf touristisch bequem vermarkten können.
Nun kann man zwar zur Not die Stadt Luzern am unteren Ende des Vierwaldstätter Sees noch irgendwie den Alpen und damit zumindest geographisch der Innerschweiz zuordnen, aber der weitaus grössere Teil des Kantons ist entschieden Mittelland und damit nicht einmal mehr Zentralschweiz. Das luzernische Entlebuch wiederum unterscheidet sich kaum vom bernischen Emmental, beide gehören damit eher in die Rubrik Voralpen. Zug mag touristisch gesehen zwar noch der Zentralschweiz angehören, liegt aber mehrheitlich bereits im Mittelland, ist als reichster Kanton der Schweiz ohnehin ein Sonderfall und ökonomisch gesehen eine Art Stadtstaat am äussersten südlichen Rand der Grossagglomeration Zürich.
Trotz dieser Sonderstellung würde man Zug im allgemeinen nicht nur zur Zentral-, sondern auch zur Innerschweiz rechnen, und zumindest die Kantonshauptstadt, die luzernischen Gemeinden am See und vielleicht noch einige weitere Quadratkilometer luzernischen Kantonsgebiets gehören wohl unbestreitbar zur Innerschweiz. Auch dieser Begriff bezeichnet indes noch lange keine Einheit, keine wirtschaftliche, politische oder auch nur geographische Grösse, und dass da zwischen Uri, Schwyz, Ob- und Nidwalden, zwischen Zug und Luzern so etwas wie ein alteidgenössisches Zusammengehörigkeitsgefühl herrschte, das ist eine Vorstellung, für die man in der Innerschweiz selbst nur ein bedauerndes Lächeln übrig hat. Schon das nahegelegene Nidwalden, erst recht der Kanton Schwyz und dann natürlich die innere Innerschweiz ganz allgemein stehen in einem eher distanzierten Verhältnis zu Luzern, das sich seinerseits wieder, ungefragt und unreflektiert, gern als wirtschaftlichen und kulturellen

le tourisme dans cette région le chemin de fer du St.-Gothard et le mont Pilate, les Höllgrotten (grottes de l'Enfer) près de Baar, l'abbaye d'Einsiedeln, Lucerne et le lac des Quatre-Cantons, le frère Klaus à Ranft, les corégones du lac d'Aegeri et Guillaume Tell à Altdorf.
A la rigueur on peut encore inclure d'une certaine manière la ville de Lucerne, située au bout inférieur du lac des Quatre-Cantons, dans les Alpes et ainsi du moins géographiquement dans la Suisse intérieure mais la partie de loin la plus importante du canton se situe bel et bien dans le Plateau et n'est donc même plus en Suisse centrale. Par contre, la vallée de l'Entlebuch dans le canton de Lucerne ne se distingue guère de celle de l'Emmental dans le canton de Berne, toutes deux peuvent être classées sous la rubrique des Préalpes. Du point de vue touristique, Zoug peut certes être considéré comme étant en Suisse centrale bien que sa majeure partie se trouve dans le Plateau mais, comme c'est le canton le plus riche de Suisse, il représente de toute façon un cas particulier et, au plan économique, une sorte d'Etat-ville situé à la bordure extérieure sud de la grande agglomération de Zurich.
Malgré cette situation particulière, on ne mettrait généralement pas Zoug uniquement dans la Suisse centrale mais également dans la Suisse intérieure et au moins la capitale du canton, les communes de Lucerne sur le lac et peut-être encore quelques autres kilomètres carrés du canton de Lucerne font incontestablement partie de la Suisse intérieure. Mais cette appellation également ne définit nullement une quelconque unité, une entité économique, politique ou même seulement géographique et l'idée qu'il existe entre Uri, Schwyz, Nidwald et Obwald, entre Zoug et Lucerne une sorte de sentiment de solidarité des anciens confédérés ne peut que susciter un sourire de compassion en Suisse intérieure. Même le proche canton de Nidwald, à plus forte raison le canton de Schwyz et puis évi-

package deals for tourists, covering the St Gothard Railway and Mt Pilatus, the Höll Grottoes near Baar, Einsiedeln Abbey, Lucerne and its lake (called Vierwaldstätter See in German), Brother Klaus in Ranft, the whitefish from Lake Aegeri, and Wilhelm Tell in Altdorf.
The town of Lucerne at the north-western tip of the Vierwaldstätter See can, at a pinch, still be considered as belonging to the Alps, and therefore, geographically at least, as part of Inner Switzerland, but by far the greater section of the canton is definitely part of the Central Plateau, and therefore not even of Central Switzerland in the proper sense of the word. The Entlebuch Valley in the west of Canton Lucerne, on the other hand, is scarcely distinguishable from Emmental in Canton Bern, and both of them are really part of the Pre-Alps. From the touristic point of view, Zug may still be regarded as part of Central Switzerland, although most of it lies in the Central Plateau region, but, as the richest Swiss canton, it is a special case, and economically speaking is a kind of city-state at the extreme southern edge of the conurbation of Zurich.
Despite this special position, one would generally reckon Zug as belonging not only to Central, but also to Inner Switzerland, and at least the capital of the canton, the Lucerne communities on the lake, and perhaps a few more square kilometres of Canton Lucerne indubitably belong to Inner Switzerland. But this term, too, by no means defines any kind of unit, any kind of economic, political, or even geographical entity, and the idea that some kind of ancient feeling of confederate solidarity unites Uri, Schwyz, and Unterwalden, or Zug and Lucerne is something that will raise no more than a pitying smile in Inner Switzerland. Even nearby Nidwalden (one of Unterwalden's Half Cantons), certainly Canton Schwyz, and then, of course, the inner part of Inner Switzerland, stand

Nabel der Innerschweiz betrachtet. Just dieser Überlegenheitsdünkel, Relikt einer stadtpatrizischen, noch vorrevolutionären und nie ganz ausgerotteten Denkungsart, geht den restlichen Innerschweizern jedoch gelegentlich erheblich auf die Nerven. Schon darum und auch aus anderen Gründen fühlt sich Schwyz den Zugern und Zürchern wesentlich näher, und seit die Autobahn Richtung Gotthard die Kantone Uri, Ob- und Nidwalden direkt und bequem mit Luzern verbindet, benutzt man die Strasse vor allem auch dazu, an Luzern vorbei woandershin zu fahren.
Wenn die Innerschweiz somit keine Einheit bildet – wie steht es dann mit der Urschweiz, mit den »kleinen Kantonen«, wie sie die Reisenden des 19. Jahrhunderts gern nannten, mit Uri, Schwyz, Ob- und Nidwalden, die ja schliesslich doch irgendwann im ausgehenden 13. Jahrhundert den Anstoss dazu gaben, dass hier in den Waldstätten ein auf die Dauer erstaunlich lebensfähiges Staatswesen seinen Anfang nahm? Ein Blick auf eine beliebige Landkarte genügt, um zu zeigen, dass dieser an sich geschlossene Raum nicht unbedingt und ganz selbstverständlich auch zur politischen und wirtschaftlichen Einheit tendierte. Zunächst einmal hatte es die Natur mit Hilfe des Vierwaldstätter Sees nämlich so eingerichtet, dass die Länder der Urschweiz nicht zwangsläufig innige und dauerhafte Kontakte untereinander pflegen mussten und konnten. Bundesschwur hin oder her, die drei Länder betrieben neben einer wohl als zweckmässig empfundenen Zusammenarbeit über den See hinweg sehr oft und gern auch ihre eigene Politik.
Dass Schwyz, nur durch den Hafen in Brunnen mit dem See und damit mit den Mit-Eidgenossen verbunden, sich erst gegen Arth und Zug und Küssnacht hin und dann gegen Einsiedeln hinauf und gegen die Linthebene hinaus auszudehnen suchte, liegt auf der Hand. Uri, bis zum Bau der Axenstrasse im 19. Jahrhundert praktisch nur über den See und not-

demment la partie intérieure de la Suisse intérieure gardent plutôt leurs distances avec Lucerne qui, de son côté, se considère volontiers contre le nombril économique et culturel de la Suisse intérieure. C'est précisément cette suffisance, vestige d'un sentiment de supériorité patricienne, d'un état d'esprit urbain, datant d'avant la révolution et qui n'a jamais été entièrement éliminé, qui parfois agace beaucoup le reste des habitants de la région. C'est pour cette raison entre autres que Schwyz se sent beaucoup plus proche de Zoug et de Zurich et, depuis que l'autoroute en direction du St.-Gothard relie directement et facilement les cantons d'Uri, d'Obwald et de Nidwald avec Lucerne, on l'emprunte également et surtout pour se rendre ailleurs en passant à côté de Lucerne.
Si donc la Suisse intérieure ne constitue pas une unité, qu'en est-il alors de la Suisse primitive, avec les «petits cantons» ainsi que les voyageurs du XIXe siècle aimaient à les appeler, Uri, Schwyz, Unterwalden qui, finalement, ont bien donné, à la fin du XIIIe siècle, le coup d'envoi pour la formation d'un gouvernement qui a fait preuve d'une extraordinaire pérennité? Un coup d'oeil sur n'importe quelle carte suffit pour se rendre compte que cette région fermée en soi ne devait pas forcément constituer également une unité politique et économique. La nature d'abord, avec l'aide du lac des Quatre-Cantons, avait fait en sorte que les pays de la Suisse primitive ne devaient pas obligatoirement et donc ne pouvaient pas entretenir des contacts étroits et durables. Malgré le serment d'allégeance à la Confédération et une coopération considérée comme utile, chacun des trois cantons mène souvent et très volontiers sa propre politique.
Il va de soi que le canton de Schwyz, dont la station de Brunnen constitue le seul lien avec le lac et partant avec les autres confédérés, devait essayer de s'étendre d'abord vers Arth et Zoug et Küssnacht puis vers Einsiedeln et ensuite en direction de la plaine de la Linth.

somewhat aloof from Lucerne, which, in turn, likes to regard itself as the economic and cultural hub of Inner Switzerland. It is precisely this conceit, however (a relic of urban, patrician dominance, of a pre-revolutionary state of mind which has never been quite expunged) that sometimes gets very much on the nerves of the rest of the people in the region. For this, and for other reasons, Schwyz feels considerably closer to Zug and Zurich, and now that the motorway towards the St Gothard directly and conveniently connects the Cantons of Uri and Unterwalden with Lucerne, it is used primarily as a means of driving past Lucerne to somewhere else.
If Inner Switzerland cannot be regarded as an entity, what about 'original' Switzerland, or *Urschweiz* as it is called in German, with the "little cantons", as travellers in the 19th century liked to call them – Uri, Schwyz, and Unterwalden – which were, after all, responsible somewhere towards the end of the 13th century for initiating a form of government that has proved astonishingly durable? A glance at any map is sufficient to show that this compact geographical area need not necessarily also form a political and economic unit. Initially, nature, using Lake Lucerne, arranged things in such a way that the 'original' cantons did not need to, and indeed could not, enter into close and permanent association with each other. Despite the oath of allegiance to their central cause, and what was regarded as pragmatically necessary cooperation, the three cantons often pursued their own individual policies.
Schwyz, for example, with its only acess to the lake, and thus to its confederate cantons, at Brunnen, first tried to expand towards Arth and Zug and Küssnacht, and then up towards Einsiedeln and in the direction of the Linth Valley. Uri, which, until the Axen Road was built in the 19th century, was practically only accessible via the lake (and in an emergency also via the Klausen and Susten passes), could

▲ **Lauerzersee und die beiden Mythen**
Der Lauerzersee, zwischen den beiden Mythen im Osten und der Rigi im Westen gelegen und seit geraumer Zeit schon Naturschutzgebiet, hat eine bewegte Geschichte: Auf der Insel Schwanau im See stand einst die Burg eines habsburgischen Dienstmannes, die von den Eidgenossen im Rahmen ihrer Verselbständigungsbemühungen um 1350 zerstört wurde. Ausserdem wurde der See durch den gewaltigen Bergsturz von 1806, der den Ort Goldau ganz unter sich begrub, durch Schuttmaterial um ein Sechstel verkleinert.

▲ **Le lac de Lowerz et les deux Mythen**
Le lac de Lowerz (Lauerzersee) qui, situé entre les deux sommets des Mythen à l'est et le Rigi à l'ouest, est depuis longtemps déjà une réserve naturelle, a eu une histoire mouvementée: sur l'île de Schwanau dans le lac se trouvait jadis un château d'un bailli des Habsbourg qui fut détruit par les confédérés au cours de leur lutte pour l'indépendance vers 1350. En outre, le lac fut réduit d'un sixième de ses dimensions par un terrible glissement de terrain qui, en 1806, ensevelit complètement la localité de Goldau.

▲ **Lauerzersee and the Mythen peaks**
Lake Lauerzer, between the two Mythen peaks in the east, and Mt Rigi (which has long been a nature reserve) in the west, has had an eventful history: on the island of Schwanau in the lake was once a castle of a Habsburg bailiff which was destroyed by the Confederates during their struggle for independence in about 1350. Another major event took the form of a natural disaster, when, in 1806, a great landslide reduced the size of the lake by a sixth and totally buried the village of Goldau.

falls noch über den Klausen- und den Sustenpass zu erreichen, blieb nur die Möglichkeit, sich Richtung Urserental, ein stückweit nach Glarus hinein, vor allem aber in die südlichen Alpentäler auszudehnen. Unterwalden, eingeklemmt zwischen Seelisberg und Bürgenstock, zwischen Urner Alpen, Luzern am Seeausfluß und dem Brünig, hinter dem die Oberhasler und Berner das Regiment führten, hatte überhaupt nie eine Chance, namhaft zu expandieren; so stritten sie sich denn halt untereinander und schufen auf diese Weise wenigstens Ob- und Nidwalden, wobei beide Teile auch natürlich getrennt sind durch ein Hochmoor und durch einen finsteren Wald.
Die – natürlich immer relativ gesehen – mächtigen Herren in Schwyz, die weltläufigen Viehtreiber und Gotthardsäumer in Uri und die schwer auf einen Nenner zu bringenden, eher introvertierten Nidwaldner entwickelten so auf relativ kleinem Raum und in unmittelbarer Nähe zueinander im Lauf der Jahrhunderte recht unterschiedliche Lebensstile, Wirtschaftsformen und politische Kulturen. Die politische Dominanz der Christlichen Volkspartei, die liebevolle Pflege von Brauchtum und altem Herkommen in allen Urschweizer Kantonen, gemeinsame und verbindende Formen einer schlichten Volksfrömmigkeit katholischer Prägung und ein gewisser Konsumkonformismus jüngeren Ursprungs lassen bei Auswärtigen gern den Eindruck aufkommen, die Innerschweiz sei so etwas wie ein Kultureintopf mit archaischen Zügen, irgendwie liebenswert und zugleich eine zu vernachlässigende Grösse. Ob das so ist, wird man ja sehen. Mit dem Lastwagenkorridor, der geplanten Bahn-Alpentransversale und allem anderen, was sonst noch auf die Innerschweiz zurollt, könnte sich hier plötzlich wieder die Lust regen, zu Hellebarde und Streitaxt zu greifen, um sich der Eindringlinge zu erwehren.

Uri, qui jusqu'à la construction de la route, qui porte le nom d'Axenstrasse, au XIXe siècle, n'était pratiquement accessible que par le lac et, au besoin, par les cols de Klausen et du Susten, ne pouvait s'étendre qu'en direction de la vallée d'Urseren, un peu à l'intérieur du canton de Glaris, mais surtout dans les vallées alpines méridionales. Unterwalden, coincé entre le Seelisberg et le Bürgenstock, entre les Alpes d'Urner, Lucerne à la fin du lac, et le col de Brünig, derrière lequel régnaient les gens d'Oberhas et de Berne, n'avait pratiquement jamais eu la possibilité de s'agrandir de façon notable; c'est pourquoi ils en vinrent à se disputer et à créer du moins de cette manière les cantons d'Obwald et de Nidwald, ces deux demi-cantons étant naturellement séparés par une fagne et une sombre forêt.
Au fil des siècles, les puissants personnages de Schwyz, les vachers et les sommeliers «mondains» du St.-Gothard dans l'Uri et les Nidwaldiens plutôt introvertis, difficiles à réduire à un dénominateur commun, développèrent ainsi dans un espace relativement réduit, et donc proches les uns des autres, des modes de vie, des structures économiques et des cultures politiques fort différents. La dominance politique du parti populaire chrétien, le respect affectueux des traditions et des coutumes dans tous les cantons de la Suisse primitive, une forme commune de piété simple d'estampille catholique et un certain conformisme d'origine plus récente à l'égard de la société de consommation donnent facilement l'impression aux étrangers que la Suisse intérieure est une sorte de creuset culturel aux traits archaïques, plaisant d'une manière quelconque et en même temps d'une quantité négligeable. Il reste à voir s'il en est bien ainsi. Avec le passage des poids lourds, le projet de voie ferrée transalpine et tout ce qui se dirige vers la Suisse intérieure, les gens pourraient bien ici avoir de nouveau envie de prendre leurs hallebardes et leurs haches d'armes pour se défendre contre les intrus.

only expand in the direction of the Urseren Valley, a little way into Glarus, and, principally, into the southern Alpine valleys. Unterwalden, crammed in between Seelisberg and the Bürgenstock ridge, between the Urner Alps, Lucerne at the end of the lake, and the Brünig Pass, behind which the people of Oberhas and Bern were firmly established, never had a chance to expand to any significant extent; the consequence was that they had to argue with one another instead, and so they at least succeeded in breaking Unterwalden up into two parts (Obwalden and Nidwalden) which were, as it happened, also naturally separated by a highland moor and a gloomy forest.
In the course of the centuries, the powerful men of Schwyz (powerful being, of course, a relative term), the cosmopolitan drovers and sumpters of the St Gothard region in Uri, and the rather introvert, otherwise not easily classifiable Nidwald people, living in a comparatively small area and in direct contact with one another, developed quite different styles of life, economic structures, and political cultures. The political dominance of the Christian People's Party, the loving adherence to customs and traditions in all of the original cantons, the unifying effect of a simple, deep-rooted piety of Roman Catholic persuasion, and a certain, more recent, upgrading of materialistic values, easily give strangers the impression that Inner Switzerland is a kind of cultural potpourri with archaic characteristics, pleasant enough in an odd way, but not to be taken too seriously. Whether this will turn out to be true or not is another matter. What with the 'lorry corridor' through the Alps, the planned transverse alpine railway, and all the other things threatening Inner Switzerland, the people here might suddenly once more feel impelled to take up the halberds and battle axes, which they wielded so successfully for centuries, in order to repel the intruders.

◀ **Tal und Kloster von Einsiedeln**
Um 830 zog der heilige Meinrad in den finsteren Wald im Quellgebiet von Biber und Sihl und gründete in sumpfiger Einöde eine Einsiedelei, aus der bald eine klösterliche Gemeinschaft hervorging. Mehrmals brannte das Kloster ab, im 18. Jahrhundert schliesslich wurde es zu einer der grossartigsten Klosteranlagen Europas ausgebaut und entwickelte sich zum bedeutenden Wallfahrtsort. Der Sihlsee im Hintergrund ist neueren Datums: Er entstand Anfang dieses Jahrhunderts durch Aufstauung der Sihl in einstigem Riedland.

◀ **La vallée et l'abbaye d'Einsiedeln**
Vers 830, saint Meinrad fonda, au milieu de la sombre forêt et des marécages de la région des sources de la Biber et de la Sihl, un ermitage qui allait devenir bientôt un monastère. Celui-ci brûla à plusieurs reprises mais, finalement, au XVIIIe siècle, on en fit une des plus belles abbayes d'Europe qui devint un important lieu de pèlerinage. Le lac de la Sihl, au fond, est plus récent: c'est un bassin d'accumulation des eaux de la Sihl créé, au début de ce siècle, par l'édification d'un barrage dans sa vallée marécageuse.

◀ **The Valley and Monastery of Einsiedeln**
In about 830, in a swampy wilderness in the gloomy forest along the upper reaches of the Biber and Sihl rivers, St Meinrad founded a hermitage which soon expanded into a monastic community. The monastery burned down a number of times, and finally, in the 18th century, was rebuilt in its present form as one of Europe's most magnificent monastic complexes, and developed into an important place of pilgrimage. Lake Sihl, in the background, is of more recent date: it was created at the beginning of this century when the Sihl was dammed.

◀ **Blick auf den Urnersee**
Mit dem Urnersee verbindet sich recht eigentlich der Mythos der schweizerischen Befreiungsgeschichte: Hinter der Felsnase rechts liegt unmittelbar am Wasser das Rütli, links, auf halber Höhe zwischen Flüelen am oberen Ende des Sees und Brunnen im Vordergrund, befindet sich die Tellsplatte, auf die sich Tell während eines typischen Föhnsturms vom Schiff Gesslers mit einem Sprung hinüberretten konnte.
▶ **Blick ins Klöntal**
Uri benachbart ist der Kanton Glarus, der Pragelpass führt hinüber ins Klöntal, in dem sich der Stausee heute als zusätzliche Bereicherung einer herben Landschaft ausnimmt.

◀ **Vue sur le lac Uri**
Le lac Uri (Urnersee) est étroitement lié à la légende de l'histoire de l'indépendance helvétique: c'est en effet derrière le nez rocheux à droite que se trouve, directement au bord de l'eau, la prairie de Rütli; à gauche, à mi-chemin entre Flüelen à l'extrémité supérieure du lac et Brunnen au premier plan est située la Tellsplatte, le rocher sur lequel Guillaume Tell aurait sauté en s'échappant de la barque du bailli Gessler.
▶ **Vue sur le Klöntal**
A côté d'Uri se trouve le canton de Glaris où mène la route du col du Pragel qui débouche dans la vallée du Löntsch ou Klöntal dans laquelle les eaux du lac artificiel adoucissent un paysage austère.

◀ **View of Lake Uri**
Lake Uri – Urnersee – is intimately associated with the legend of the Swiss struggle for independence: behind the headland on the right, directly at the water's edge, is Rütli Field, where the famous oath of allegiance was sworn; on the left, half way along the lake between Flüelen at its upper end and Brunnen in the foreground, is the ledge onto which Tell leaped to safety from Bailiff Gessler's ship.
▶ **View into Klön Valley**
Next to Uri is Canton Glarus into which the Pragel Pass road leads, and the Klön Valley where the artificial Lake Klön adds an idyllic touch to an otherwise austere landscape.

◀ **Landsgemeinde, Schwingen, Schlachtenfeier**
Grossereignisse von mehr als nur folkloristischer Bedeutung sind in der Innerschweiz die Landsgemeinden wie hier in Sarnen (rechts), Schlachtenfeiern wie die zur Erinnerung an den Sieg der Eidgenossen über die Habsburger am Morgarten 1315 oder das alljährlich wiederkehrende Bergschwinget in Obwalden.

▶ **Schwyz unter winterlicher Nebeldecke**
Über die Ibergeregg führte einst einer der historischen Wege, der Einsiedeln mit Schwyz verband, heute ist die Gegend beliebtes Naherholungs- und Skigebiet, das im Winter vielfach über der Nebelgrenze liegt. Unter der Nebeldecke vorn der Kantonshauptort Schwyz, rechts der Grosse Mythen, hinten die Rigi, dahinter, unter dem Nebel, der Vierwaldstätter See.

◀ **Assemblée consultative, lutte, commémoration**
Au nombre des grands événements qui, en Suisse intérieure, n'ont pas seulement un intérêt folklorique figurent les Landsgemeinde, les assemblées consultatives des électeurs du canton, comme ici à Sarnen (à droite), des cérémonies commémoratives de batailles comme celle de Morgarten en 1315 qui vit la victoire des confédérés sur les Habsbourg, ou la compétition annuelle de lutte à Obwalden.

▶ **Schwyz sous un brouillard hivernal**
Une route historique reliait autrefois par le col d'Ibergeregg Einsiedeln à Schwyz; aujourd'hui, la région est un centre de détente et de ski très fréquenté qui, en hiver, se trouve souvent au-dessus de la zone de brouillard. Au premier plan, sous la couche de brouillard, se trouve Schwyz, la capitale du canton, à droite le Grosser Mythen; derrière le Rigi et derrière encore, sous le brouillard, le lac des Quatre-Cantons.

◀ **Democracy, wrestling, celebrations**
Some of the important events in Inner Switzerland of more than just folkloristic interest are: the Landsgemeinden, when local citizens attend open-air meetings to vote on all questions concerning the community – as here in Sarnen (right); celebrations commemorating battles such as the one at Morgarten in 1315, when the Confederates defeated the Habsburgs; and the annual wrestling competition at Obwalden.

▶ **Schwyz beneath the winter mists**
One of the historical routes between Einsiedeln and Schwyz once ran over the Ibergeregg Pass, but now this region is a popular excursion and skiing area, which is often above the mist-line. In the foreground, hidden beneath the mist, is Schwyz, the canton capital; on the right is the Grosser Mythen, behind it is Mt Rigi, and behind that again, also beneath the mist, is Lake Lucerne.

◀▶ Blick vom Pilatus und Blick in die Hohle Gasse
Seine unverwechselbare Gestalt mit den zahlreichen Seitenarmen und Buchten verdankt der Vierwaldstätter See mehreren Jahrmillionen Erdgeschichte, der Alpenfaltung und der Gletscherzeit: Nur knapp einen Kilometer Durchlass gewähren dem See der Bürgenstock vorn und ein Rigiausläufer hinten, eine weitere Überraschung erlebt man auf einer Schiffahrt bei Brunnen, wo der See unvermittelt nach Süden abbiegt und dort den Urnersee bildet. Unweit Küssnachts befindet sich die Hohle Gasse, in der der Sage nach Tell den habsburgischen Landvogt Gessler mit einem Pfeil niedergestreckt haben soll.

◀▶ Vue du Pilate et vue de la «Hohle Gasse»
Le lac des Quatre-Cantons doit sa forme incomparable, avec ses nombreux bras latéraux et ses baies, à plusieurs millions d'années de formation géologique, au plissement alpin et à l'action des glaciers: entre le Bürgenstock au premier plan et un contrefort du Rigi derrière, le lac a à peine un kilomètre de largeur et une autre surprise attend le voyageur près de Brunnen où le lac tourne soudain vers le sud pour former le lac d'Uri.
Non loin de Küssnacht se trouve la «Hohle Gasse», l'endroit où, selon la légende, Guillaume Tell aurait tué d'une flèche le bailli Gessler.

◀▶ View from Mt Pilatus, and view of the 'Hohle Gasse'
The unique shape of Lake Lucerne, with its many side arms and bays, was created in the course of several million years by the folding of the Alps, and glacial action: between the Bürgenstock in the foreground and one of the spurs of Mt Rigi, behind, the lake is only just over a thousand yards wide – and the traveller is given another surprise further to the east near Brunnen, when the lake turns abruptly southwards to form its extension called Lake Uri.
Not far from Küssnacht is the 'Hohle Gasse', or sunken path, where, according to the legend, William Tell ambushed and shot the Habsburg bailiff Gessler.

◀ Zug – erfolgreiche Kleinstadt am See
Bis vor wenigen Jahrzehnten war Zug ein vornehmlich bäuerlicher Kanton, der Hauptort hiess liebevoll Städtchen und galt als urbanes Kleinod mit noch sichtbar mittelalterlichen Strukturen. Die haben sich zwar erhalten, doch in der Lorzeebene und gegen Norden hat sich die Stadt einen Industrie- und Dienstleistungsbereich angegliedert, der noch immer expandiert und sich baulich fast täglich verändert – Zeichen eines unaufhaltsam-ungestümen Wachstums, das Zug zum finanzkräftigsten Kanton der Schweiz hat werden lassen.

◀ Zoug – une petite ville prospère au bord du lac
Il y a quelques décennies encore, Zoug était essentiellement un canton rural et sa capitale, aux structures médiévales, était gentiment appelée «Städtchen» (petite ville). La ville a certes conservé son quartier médiéval mais elle s'est adjoint dans la plaine de la Lorze et vers le nord une zone industrielle qui est encore en expansion et dont l'aspect change presque quotidiennement – signe d'une croissance dynamique qui a fait de Zoug le canton financièrement le plus puissant de Suisse.

◀ Zug – successful little lakeside town
Until a few decades ago Zug was still a largely rural canton; its capital was affectionately called 'Städtchen' or 'Little Town', and was picturesquely medieval. The ancient centre has survived, but a new industrial zone has been established in the Lorze Plain and to the north which is still expanding, and which changes almost from day to day – signs of an impetuous rate of growth which has made Zug into Switzerland's financially most powerful canton.

◂ **Galenstock – Aussichtsberg am Rhonegletscher**
Unter den Gipfeln der Dammagruppe, die die Kantone Uri und Wallis auf der Höhe der Furka voneinander scheidet, wirkt der Galenstock (3583 m) besonders mächtig und eindrucksvoll. Der Berg, der ohne besondere Mühe bestiegen werden kann, bietet eine unvergleichliche Rundsicht auf die Berner und die Walliser Hochalpen.

◂ **Le Galenstock – point de vue au-dessus du glacier du Rhône**
Parmi les sommets du groupe des Damma, qui sépare les cantons d'Uri et du Valais, le Galenstock (3583 m) est particulièrement imposant et impressionnant. Cette montagne, qui peut être escaladée sans grand effort, offre un panorama incomparable sur les Hautes-Alpes bernoises et valaisannes.

◂ **Mt Galenstock – vantage point near the Rhône Glacier**
Galenstock (11,755 ft) is one of the particularly impressive peaks in the Damma Group, which acts as a natural border between cantons Uri and Valais. This peak, which can be climbed with no great effort, provides an incomparable panorama of the Bernese and Valaisan high Alps.

◀▼ **Die Gotthardstrasse**
Die erste befahrbare Strasse über den Gotthard wurde 1820–1830 gebaut. Der Strassenbau in der Val Tremola allein erforderte vierzig aus Stein aufgemauerte Kehren, zwanzig in der Tremola selbst, zwanzig oberhalb von Airolo. Die Strasse, eine technische Meisterleistung des 19. Jahrhunderts, versah ihren Dienst bis in die sechziger Jahre und ist auch heute noch intakt, genügte jedoch den gestiegenen Ansprüchen der Automobilisten nicht mehr, deretwegen eine Autobahn durchs enge Reusstal gezogen und der Gotthard selbst untertunnelt werden mussten.

◀▼ **La route du Gothard**
La première route carrossable du Gothard a été construite en 1820–1830. Rien que dans le Val Tremola, il a fallu faire à la route quarante tournants qui ont été creusés et maçonnés dans la montagne dont vingt au-dessus d'Airolo. La route, un chef-d'œuvre technique du XIXe siècle, a servi jusque dans les années soixante et est encore intacte aujourd'hui mais, comme elle ne pouvait plus satisfaire les exigences accrues des automobilistes, on a construit une autoroute dans l'étroite vallée de la Reuss et le tunnel du Gothard.

◀▼ **The Gothard road**
The first road over the Gothard for vehicles was built in 1820–1830. The section of the road in Val Tremola alone called for forty hairpin bends built out over the mountainside and supported by masonry: twenty were constructed in Val Tremola, and twenty above Airolo. The road, a masterpiece of 19th century engineering, continued to do service into the 1960's, and is still intact today, but, as it failed to satisfy the increasing demands of motorists, a motorway was built along the narrow Reuss Valley, and the Gothard tunnel was constructed through the massif.

Tessin

Wintergarten der Schweiz und Vorort von Mailand

In Göschenen ist die stetige Steigung durch das Reusstal endlich überwunden, die Lokomotiven ziehen an, der Schnellzug beschleunigt – und verschwindet fürs erste einmal im Tunnel, der nun seit 1882 die wichtigste, zuverlässigste und schnellste Verbindung zwischen der Deutschschweiz und dem Tessin, zwischen Norden und Süden darstellt. Vom Scheitelpunkt des Gotthardtunnels an neigt sich die Strecke gar noch ein bisschen, der Zug legt nochmals Geschwindigkeit zu, und nach exakt 10 Minuten in der Dunkelheit kommt man endlich ans Licht, ins Tessin, in die Sonnenstube der Schweiz, in den sehnlichst erwarteten Süden.
Oder auch nicht: Es kann kalt sein und neblig hier oben in Airolo in 1142 Meter Höhe, die Winter sind hart, und auch im Sommer will es in den nördlichen Tälern des Tessins nie südlich heiss werden. Das war, als man noch in die Sommerfrische und nicht an die Adria, an den Strand fuhr, auch von Vorteil. Die ersten Hotels in Faido und im Bleniotal wurden um 1900 für zahlungskräftige Mailänder und Luganeser gebaut, die hier Abkühlung und das Schauspiel tosender Wasserfälle suchten. Denn auch das gehört zum Tessin: Fast jedes Jahr entladen sich über dieser vermeintlich so bukolischen Landschaft ein oder zwei Unwetter, die dem Tessin aus den Seitentälern Hochwasser, Geröll, Geschiebe und Fallholz zuführen, Strassen und Brücken wegreissen und nicht selten die Magadinoebene mitsamt dem Zeltplatz von Agno überfluten. Kein Wunder, dass die alten, traditionellen Siedlungen und Dörfer, die romanischen Kirchen

◀ **Im voralpinen Hinterland Luganos**
Malcantone nennt sich das trogartige, noch einigermassen intakte und verträumte, mit Höhen um die 800 Meter auch nicht allzu hochgelegene Tal. Vom Monte Lema blickt man von Arosio (links) bis nach Miglielia, von wo aus eine Luftseilbahn – eine der wenigen im Tessin – auf den Berg heraufführt. Im Hintergrund das rasch in die Breite wachsende Lugano mit dem Monte Brè, dazwischen im Tal, im Bild nicht sichtbar, der Flughafen von Agno und die geschäftig-geräuschvolle Autobahn Zürich–Mailand.

Tessin

Le jardin d'hiver de la Suisse et la banlieue de Milan

A Göschenen, on arrive enfin au bout de la longue montée à travers la vallée de la Reuss, les locomotives prennent de la vitesse, l'express accélère – et disparaît pour commencer dans un tunnel qui, depuis 1882, constitue la voie de communication la plus importante, la plus sûre et la plus rapide entre la Suisse allemande et le Tessin, entre le Nord et le Sud. Au point culminant du tunnel du St.-Gothard, la voie est même quelque peu en pente, le train prend encore une fois de la vitesse et, au bout de dix minutes exactement dans l'obscurité, on débouche enfin dans la lumière, dans le Tessin, dans le Sud tant attendu.
Ou peut-être que non: car il peut faire froid et brumeux ici dans l'Airolo à 1142 mètres d'altitude; les hivers y sont rudes et, même en été, les températures ne sont jamais vraiment méridionales dans les vallées septentrionales du Tessin. Cela présentait un avantage autrefois lorsque les plages de l'Adriatique n'étaient pas encore à la mode et que l'on recherchait la fraîcheur en été. Les premiers hôtels à Faido et dans le val Blenio furent construits vers 1900 pour les habitants fortunés de Milan et de Lugano qui cherchaient ici le frais et le spectacle des cascades mugissantes. Car cela fait aussi partie du Tessin: presque chaque année, une ou deux trombes d'eau se déversent sur ce paysage d'apparence si bucolique. Pas étonnant donc que les vieilles implantations traditionnelles et les villages, les églises romanes et les nombreuses chapelles baroques s'accrochent au haut des versants de la montagne ou se blottissent respectueusement dans le flanc des vallées. A

◀ **Dans l'arrière-pays préalpin de Lugano**
Malcantone est le nom de cette belle vallée en auge encore assez intacte. Ses collines atteignent environ 800 mètres; mais à l'ouest, du Monte Lema (1620 m), la vue s'étend d'Arosio (à gauche) jusqu'à Miglielia d'où un télésiège – un des rares dans le Tessin – permet d'accéder au sommet. Dans le fond se trouve Lugano, qui s'est rapidement déployé en largeur, avec le Monte Brè et, dans la vallée au milieu (non visible ici), l'aéroport d'Agno et l'autoroute très animée et bruyante de Zurich à Milan.

Ticino

Switzerland's winter garden and Milan's suburb

At Göschenen the long climb through the Reuss Valley at last comes to an end, the locomotives pick up speed, the express accelerates – and disappears to start with in a tunnel which, since 1882, has provided the most important, most reliable, and fastest connection between the German-speaking part of Switzerland and Ticino, between the north and the south. From the peak point in the St Gothard tunnel the track even slopes down a little, the train gathers yet more speed, and, after exactly 10 minutes in the dark, one finally emerges into the light, into Ticino, into Switzerland's sun parlour, into the longed-for south.
Or maybe not: for it can be cold and misty up here in Airolo at an altitude of 3,750 ft; the winters are hard, and even in summer true southern temperatures are rarely attained in Ticino's northern valleys. That used to be regarded as an advantage in the days before it was considered proper to roast oneself on the beaches of the Adriatic. The first hotels in Faido and in the Blenio Valley were built in around 1900 for wealthy Milanese and Luganese who sought out the cooler clime and enjoyed the spectacle of thundering waterfalls. For that is also an aspect of Ticino: nearly every year there are one or two cloudbursts above this allegedly bucolic countryside, which cause flash floods in the side-valleys, bring debris and fallen trees down the mountains, tear away sections of roads and bridges, and not infrequently flood the Magadino Plain together with the camping site at Agno. No wonder that the old, tradi-

◀ **In Lugano's pre-alpine hinterland**
Malcantone is the name of this trough-like upland valley, which is still fairly intact and rather dreamy. Most of its hills rise to about 2,625 ft: from Monte Lema, its highest point, the view extends from Arosio (left) as far as Miglielia, from where a cable car – one of the few in Ticino – climbs to the peak. In the background is Lugano, spread along the lake, with Monte Brè on the far side, and, in the valley on this side, but not visible on the photograph, Agno Airport and the busy, noisy Zurich–Milan motorway.

und die zahlreichen barocken Kapellchen hoch oben an den Berghängen kleben oder sich respektvoll an die Talflanken drücken. Bebaubares oder landwirtschaftlich nutzbares Flachland gibt es, von den einstigen Tabakanbaugebieten im Mendrisiotto und von der in den Krisenjahren trockengelegten, vordem sumpfigen Magadinoebene abgesehen, im Kanton praktisch kaum.
Das Tessin ist eben doch in erster Linie ein Bergkanton, den Natur- und Erdgeschichte glücklicherweise mit einigen besonderen Reizen ausgestattet haben. Dazu gehören einmal die beiden Alpenrandseen am Übergang vom Tessin nach Italien, der Lago Maggiore, breit und majestätisch eingebettet in die letzten Ausläufer der Alpen, der Luganer See in merkwürdigen, verwirrenden Verrenkungen zwischen die Zuckerhüte des Monte Brè und des San Salvatore, des San Giorgio und des Monte Generoso gelegt. Dazu gehören im übrigen die langgezogenen, halbvergessenen und verschlafenen Seitentäler, in denen man, nur wenige Kilometer weg vom Autobahnlärm, vom Zugverkehr und dem weiteren Zubehör moderner Zivilisation, Ruhe, Sonne, südalpine Vegetation und ausgedehnte, halbverwachsene Wanderwege findet. Es gehören dazu die sanften Hügel des Mendrisiotto, die bereits den Übergang zur Poebene markieren und von Ferne an die Toskana erinnern. Und schliesslich ist da noch das Klima. Im Jahresdurchschnitt liegen die Temperaturen drei Celsiusgrade höher als im Norden, der Frühling beginnt vielfach schon im März, nicht erst im April oder gar Mai, der Herbst dauert länger, die warmen Tage ziehen sich oft bis in den November hinein, und all das kommt wiederum dem Merlot zugute, der weitestverbreiteten Weinsorte im Tessin.
Nur von lauer Luft und saftiggrün bewachsenen Hängen hat der Mensch, auch der Tessiner, nicht gelebt, und was der Fremde an den Tessinern lange Zeit so anziehend fand, die Genügsamkeit, die einfache Lebensart, die

l'exception des anciennes régions de culture du tabac du Mendrisiotto et de la plaine autrefois marécageuse de Magadino, qui fut asséchée dans les années de crise, il n'existe guère dans le Tessin de terrains plats propices à la construction ou à l'agriculture.
Le Tessin est donc en premier lieu un canton de montagne que la nature et la géologie ont doté d'un certain nombre d'attributs charmants. Dont font partie les deux lacs en bordure des Alpes à la frontière du Tessin et de l'Italie: le lac Majeur, large et majestueux au milieu des derniers contreforts des Alpes, et le lac de Lugano aux contours sinueux entre les pains de sucre du Monte Brè et du San Salvatore, du San Giorgio et du Monte Generoso. Et évidemment les longues vallées latérales, endormies et à moitié oubliées où, à quelques kilomètres seulement du bruit de l'autoroute, des trains et des autres accessoires de la civilisation moderne, on peut trouver le calme, le soleil, une végétation sud-alpine et de longs chemins de randonnée à moitié envahis par la végétation. Et puis aussi les douces collines du Mendrisiotto qui signalent déjà le passage vers la plaine du Pô et qui de loin rappellent la Toscane. Enfin, il y a le climat. Les températures moyennes annuelles sont de 3 °C supérieures à celles qui prévalent dans le Nord, le printemps commence souvent au mois de mars et non pas seulement en avril voire en mai, l'automne est plus long, il y a des journées chaudes souvent jusqu'au mois de novembre et cela profite au Merlot, un cépage qui donne la sorte de vin la plus répandue dans le Tessin.
Mais l'homme, et le Tessinois non plus, ne peut vivre uniquement d'air tiède et de versants très verdoyants et ce que l'étranger a trouvé pendant longtemps si séduisant chez les Tessinois, leur frugalité, leur mode de vie simple, la soupe de tripes et le morceau de fromage de chèvre en guise de dîner n'était souvent rien d'autre que la pauvreté assumée avec dignité et décence. C'est pourquoi l'his-

tional settlements and villages, the Romanesque churches and numerous Baroque chapels, are built high up on the mountain slopes or cling respectfully to the flanks of the valleys. Apart from the one-time tobacco-growing areas of Mendrisiotto, and the formerly swampy Magadino Plain, which was drained in the years of crisis, Canton Ticino has practically no flat land suitable for building or for agriculture.
In other words, Ticino is primarily a mountain canton which nature and geological developments have fortunately endowed with a number of special charms. These include the two lakes at the edge of the Alps where Ticino merges into Italy: Lago Maggiore, reclining, broad and majestic, between the last foothills of the Alps, and Lake Lugano, sinuously confined between the sugar-loaves of Monte Brè and San Salvatore, San Giorgio and Monte Generoso. They also include, by the way, the long, half-forgotten and sleepy side-valleys where, only a few miles away from the noise of the motorway, from the trains, and the other paraphernalia of modern civilization, one can find peace, sunshine, southern-alpine vegetation, and long, half overgrown rambling paths. Furthermore there are the gentle hills of Mendrisiotto, which already mark the transition to the Po Valley, and which from a distance are reminiscent of Tuscany. And, finally, there is the climate. The average annual temperatures are three degrees centigrade higher than north of the Alps – that is quite a bit warmer, but not yet hot; spring frequently begins in March, and not only in April or even May, autumn lasts longer, the warm days often extending right into November – and all this is just right for the merlot grape, the one most commonly used for the Ticino wines.
However, man cannot live from mild air and lush green slopes alone, not even Ticino man, and what the stranger for a long time found so attractive about the people of Ticino, their

Kuttelsuppe und das Stückchen Ziegenkäse zum Abendbrot, das war vielfach nichts anderes als in Würde und Anstand gelebte Armut. Die Geschichte des Tessins ist denn auch während Jahrhunderten vornehmlich eine Geschichte der Auswanderung. Eine erste Industrialisierungsphase geht an den Tessiner Tälern praktisch spurlos vorüber, und wenn sich gegen Ende des 19. Jahrhunderts wenigstens eine bescheidene Tabak- und Seidenindustrie ansiedelt, dann vor allem deshalb, weil die Arbeitskräfte besonders billig sind. Auch der Bau der Gotthardbahn ändert an der Situation zunächst wenig; immerhin setzt damit die Entwicklung von Lugano und Locarno zu Fremdenverkehrsorten ein. Für einen Grossteil der Bevölkerung bleiben die Verhältnisse jedoch so, wie sie immer schon waren: Allein zwischen 1881 und 1930 wandern insgesamt 25300 Einwohner nach Übersee aus. Noch in den fünfziger Jahren entsprach eine Fahrt ins Tessin einer Reise in eine andere, kleinbäuerliche, kleingewerbliche, vorindustrielle Zeit.
Innerhalb von lediglich dreissig Jahren hat sich das alles radikal verändert. Die Dörfer in den Tälern sind zwar alle noch da, romantisch und verträumt, aber viele von ihnen sind heute halbverlassen, denn die Einheimischen wanderten grösstenteils aus, diesmal nicht nach Australien, sondern in die Ballungsgebiete rund um Lugano, Locarno, Bellinzona und Mendrisio-Chiasso. Vier Fünftel der Bevölkerung – sie macht 275000 Personen aus – und 90 Prozent der Arbeitsplätze drängen sich heute auf den rund 14 Prozent des Kantonsgebiets zusammen, die unter 500 Metern über dem Meer und im Einzugsbereich der wichtigen Verkehrsachsen liegen. In die Bergdörfer und Rustici in den zahllosen Seitentälern stossen derweil die Deutschschweizer und andere Fremde vor, die hier die verlassenen Häuser und einstigen Stallungen zu Ferien- und Weekendhäuschen ausbauen lassen, die dann freilich nur während weniger

toire du Tessin a été aussi pendant des siècles une histoire de l'émigration. Les vallées du Tessin ont pratiquement été ignorées par la première vague d'industrialisation et, lorsque vers la fin du XIXe siècle, une modeste industrie du tabac et de la soie s'y implanta, ce fut surtout en raison de la main-d'oeuvre bon marché. La construction du chemin de fer du St.-Gothard ne changea guère cette situation au début bien qu'elle ait entraîné le développement de Lugano et de Locarno comme stations touristiques. Pour une grande partie de la population, les conditions demeurèrent telles qu'elles avaient toujours été: rien qu'entre 1881 et 1930, 25300 Tessinois émigrèrent outre-mer. Dans les années cinquante encore, un voyage dans le Tessin équivalait à une échappée dans un autre monde, un monde de petits paysans, de petits artisans, dans une ère pré-industrielle.
En l'espace de trente ans seulement, tout cela a radicalement changé. Les villages dans les vallées sont certes tous encore là, romantiques et rêveurs, mais un grand nombre d'entre eux sont à moitié abandonnés car leurs habitants ont pour la plupart émigré, non plus en Australie mais dans les conurbations autour de Lugano, Locarno, Bellinzona et Mendrisio-Chiasso. Quatre cinquièmes de la population – elle est de 275000 habitants – et 90 pour cent des emplois sont aujourd'hui concentrés sur environ 14 pour cent de la superficie du canton qui se trouve à 500 mètres au-dessus de la mer et dans la zone attenante aux grands axes de communication. Les villages de montagne et les *rustici* dans les innombrables vallées latérales ont été envahis entretemps par des Suisses allemands et d'autres étrangers qui ont fait aménager les maisons abandonnées et les étables d'autrefois en maisons de vacances ou de week-end, qui évidemment ne sont occupées que quelques semaines par an. Si l'on ajoute les nouvelles constructions qui ont été édifiées au cours des dernières vingt-cinq années, on constate que,

frugality, their simple way of life, the tripe soup and the little piece of goat cheese for supper – that was often nothing but poverty borne with dignity and decency. That is why the history of Ticino was for centuries a history of emigration. The first phase of industrialization passed by the Ticino valleys almost unnoticed, and if a modest tobacco and silk industry developed towards the end of the 19th century, then mainly because of the cheap labour available here. The construction of the St Gothard railway at first also had little effect on the situation, although it did lead to the development of Lugano and Locarno as holiday resorts. But for a large part of the population the conditions remained the way they had always been: between 1881 and 1930 alone a total of 25,300 people emigrated overseas. Even in the 1950's, a trip to Ticino meant an excursion to a different world – a world of peasants and small businesses, in short: to a pre-industrial age.
Now, within a matter of only thirty years, all this has radically changed. The villages in the valleys are still all there, dreamily romantic, but many of them are half deserted, for most of the inhabitants have emigrated – not to Australia any longer, but to the conurbations around Lugano, Locarno, Bellinzona, and Mendrisio-Chiasso. Four fifths of the total population of 275,000, and 90 per cent of the jobs, are now concentrated on the roughly 14 per cent of the canton's area which lies below an altitude of 1,600 ft and is in reach of the most important traffic routes. In the meantime the mountain villages and *rustici* in the countless side-valleys have been invaded by people from the German-speaking regions of Switzerland and by other strangers, who buy the deserted houses and one-time farms for use as holiday or weekend homes – which means that they are occupied for only a few weeks a year. If the many new buildings which have been put up in the last 25 years

Wochen im Jahr auch benutzt werden. Nimmt man noch die in den letzten 25 Jahren erstellten Neubauten hinzu, dann zeigt sich, dass bereits jede vierte Wohnung im Tessin eine Ferienwohnung ist – und dass es halbe Dörfer und ganze Quartiere gibt, die monatelang wie ausgestorben wirken, während die Einheimischen zusehends mehr Mühe haben, bei den massiv gestiegenen Bodenpreisen günstigen Wohnraum zu finden.
Eine Vielzahl von Faktoren – die besseren Verkehrsbedingungen, so der Flughafen in Agno und die direkte Autobahnverbindung nach Mailand, noch immer vergleichsweise billige Arbeitskräfte im Kanton selbst und arbeitswillige Grenzgängerinnen und Grenzgänger aus Italien, helvetische Zuverlässigkeit und die Tessiner Advokatentradition, die soziale Unrast der sechziger Jahre und die damit verbundene Kapitalflucht in die Schweiz – all dies verwandelte das Tessin zügig auch in einen Finanz- und Dienstleistungsplatz. In knapp 15 Jahren ist so inmitten von Lugano ein eigentliches Bankenviertel entstanden, links und rechts der Autobahn im Mendrisiotto und hinter Lugano reiht sich Lagerhaus an Lagerhaus. In Lagern, Advokaturen, Banken, Versicherungen, Tankstellen – nach Genf weist das Tessin die höchste Autodichte der Schweiz auf – arbeiten mittlerweile 56 Prozent aller Beschäftigten im Tessin – die Hälfte davon allerdings Grenzgänger und im Kanton ansässige Ausländer.
Die rasante Entwicklung und ein diffuses Gefühl, immer stärker von Mailand und Zürich abhängig zu werden, fremden Einflüssen schutzlos preisgegeben zu sein, haben in jüngster Zeit dazu geführt, dass man sich vermehrt auch wieder mit der Identität des Tessins auseinandersetzt. Eine – die sichtbarste – Antwort auf die drohende kulturelle Eintönigkeit und Uniformität ist hier bestimmt die Neue Tessiner Architektur, die sich bewusst als Architektur des Widerstands und der Selbstbehauptung versteht.

dans le Tessin, un logement sur quatre est un logement de vacances – et qu'il y a des moitiés de village et des quartiers entiers qui sont vides pendant des mois alors que la population locale a de plus en plus de mal à trouver des logements bon marché du fait de la hausse massive des prix des terrains.
Un grand nombre de facteurs – l'amélioration des communications grâce notamment à l'aéroport d'Agno et à l'autoroute directe pour Milan, une main-d'oeuvre comparativement encore bon marché dans le canton même et des travailleurs frontaliers d'Italie, le sérieux suisse et les avocats tessinois, les troubles sociaux des années soixante et l'afflux de capitaux qui en est résulté en Suisse – tout cela a rapidement transformé le Tessin en une région d'activités financières et de prestations de services. En quinze ans, un véritable quartier bancaire s'est ainsi édifié au centre de Lugano et des rangées d'entrepôts s'élèvent aujourd'hui de chaque côté de l'autoroute dans le Mendrisiotto et derrière Lugano.
56 pour cent des personnes actives dans le Tessin – la moitié de ce pourcentage étant toutefois constituée par des frontaliers et des étrangers établis dans le canton – sont employées actuellement dans les entrepôts, les cabinets d'avocats, les banques, les compagnies d'assurances et les stations-service – le Tessin a, après Genève, la plus forte concentration automobile de la Suisse.
Le développement vertigineux et l'impression diffuse d'être de plus en plus dépendant de Milan ou de Zurich, d'être sans défense devant les influences étrangères, ont amené ces derniers temps les Tessinois à s'interroger de plus en plus sur leur identité. Une réponse – la plus visible – à la menace de monotonie et d'uniformité culturelles est certainement constituée par la nouvelle architecture tessinoise qui se conçoit délibérément comme une architecture de la résistance et de l'auto-affirmation.

are also taken into account, then it becomes clear that every fourth dwelling in Ticino is a holiday home – and that there are half villages and whole quarters which are deserted and look utterly dead for months at a time, while, due to massive increases in property prices, it is more and more difficult for local people to find accommodation they can afford.
A great number of factors: improved communications, such as the airport at Agno, and the direct motorway to Milan, the still relatively cheap labour available in the canton itself, plus willing workers from across the Italian border, Swiss reliability and the Ticino lawyers, the social unrest of the sixties and the consequent influx of capital into Switzerland – all this rapidly changed Ticino into a centre for financial operations and service industries. Thus, within just about 15 years, a proper banking quarter has arisen in the middle of Lugano, while to the left and right of the motorway in Mendrisiotto and behind Lugano lines of warehouses have sprung up.
Today, 56 per cent of all employed persons work in warehouses, legal offices, banks, insurance companies, and petrol stations (Ticino having the highest concentration of cars in Switzerland after Geneva), although of this percentage half are cross-border workers or resident foreigners.
The over-rapid development, the vague feeling of becoming more and more dependent on Milan and Zurich, of being helplessly exposed to alien influences, has recently led to the local people taking a closer look at their own identity. One – and the most visible – answer to the threatening cultural monotony and uniformity is certainly the new Ticino architecture, which is a conscious form of resistance and of self-realization.

▲ **Winter in Bosco-Gurin**
Das Dorf Bosco – so die italienische Bezeichnung für Gurin – zuhinterst im Maggiatal ist das einzige Dorf deutscher Zunge im Tessin und verdankt seine Entstehung vermutlich der Einwanderung von Leuten aus der Val Formazza, die selber wiederum aus dem deutschsprachig-alemannischen Wallis stammten. Bauweise und Sprache erinnern denn auch an das Gomsertal im Wallis. Harte Winter sind im Tessin übrigens keine Seltenheit;
1695 und 1742 wurden grosse Teile Bosco-Gurins durch Lawinen zerstört.

▲ **L'hiver à Bosco-Gurin**
Le village de Bosco – le nom italien de Gurin – dans la vallée de la Maggia est le seul village du Tessin qui a gardé son dialecte alémanique. Il a sans doute été créé par des émigrés du Val Formazza d'origine valaisanne. L'architecture et le dialecte rappellent d'ailleurs ceux de la vallée de Goms (Conches) dans le Valais. Les hivers rudes ne sont pas rares dans le Tessin; en 1695 et 1742, des avalanches ont détruit une grande partie de Bosco-Gurin.

▲ **Winter in Bosco-Gurin**
The village of Bosco – the Italian name for Gurin – in the Maggia Valley is the only German-speaking community in Ticino. The first settlers presumably immigrated from the Val Formazza, whose inhabitants originally came from the German-speaking part of Wallis, or Valais – and, indeed, the local architecture and language are reminiscent of the Goms Valley in Valais. Hard winters are by no means rare in Ticino, by the way; in 1695 and 1742 large parts of Bosco-Gurin were destroyed by avalanches.

NEGOZIO COOP
ANTICA OSTERIA DAZIO

◀▼ Fusio in der Val Lavizzara und Kirche in Biasca
Das Dorf ist typisch für Siedlungsform und Bauweise in den zahlreichen Seitentälern des Tessins: Eingezwängt zwischen die Maggia, die bei sommerlichen Gewittern urplötzlich zum reissenden Bergbach anschwellen kann, und die steinschlaggefährdeten Hänge, drängen sich die Häuser auf engem Raum zusammen. Im Zentrum oder in dominierender Höhe über dem Dorf steht in der Regel die Kirche, so auch die Kollegiatskirche San Pietro e Paolo in Biasca, die um 1100 entstand, die Mutterkirche des Bleniotals war und im Innern eine Reihe bedeutender Fresken birgt.

◀▲ Fusio dans le Val Lavizzara et l'église à Biasca
Fusio est une implantation typique des nombreuses vallées latérales du Tessin: coincées entre la Maggia, qui pendant les orages d'été peut soudain se transformer en torrent impétueux, et les versants dangereux à cause des éboulis de pierres, les maisons se pressent les unes contre les autres. L'église est généralement bâtie au centre ou sur une hauteur dominante comme l'église collégiale St.-Pierre-et-St.-Paul à Biasca, édifiée vers 1100, l'église mère du val Blenio et dont l'intérieur est décoré d'importantes fresques.

◀▲ Fusio in the Val Lavizzara and church at Biasca
Fusio is a typical example of the type of settlement and architecture to be found in numerous side-valleys in Ticino: squeezed in between the Maggia, which can suddenly become a raging torrent during summer rainstorms, and the slopes, the houses huddle together as close as possible. The church is either in the centre of the village, or in a dominating position above it – as is the collegiate church of San Pietro e Paolo in Biasca, the mother church of the Blenio Valley, which was built in about 1100, and whose interior contains a number of important frescoes.

der Gotthard noch ein unüberwindliches Hindernis war. Entsprechend früh war das Tal auch dauerhaft besiedelt. Die terrassierten Hänge rund um Largario und Zeugen der Alpwirtschaft wie das Rustico erinnern noch heute daran, dass sich das Tal früher mit Getreide, Wein und Milch weitgehend selbst versorgte.

▲▶ **Largario et un «rustico» dans le val Blenio**
Le val Blenio occupe une position particulière parmi les grandes vallées de la Suisse méridionale – Bregaglia, Bedretto et Leventina – car, avec le col de Lukmanier qui mène dans les Grisons, il a été emprunté dès l'âge du bronze lorsque le Gothard était encore un obstacle insurmontable. Aussi la vallée fut-elle habitée très tôt. Les versants en terrasses tout autour de Largario et des témoignages de l'économie alpine comme ce «rustico» rappellent aujourd'hui encore que la vallée pouvait elle-même subvenir à ses besoins en céréales, vin et lait.

▲▶ **Largario and a 'rustico' in the Blenio Valley**
The Blenio Valley occupies a special position among the large valleys of southern Switzerland (Bregaglia, Bedretto, and Leventina), for it, and the Lukmanier Pass, which leads to Grisons, were both already established routes during the Bronze Age when the St Gothard was still an insurmountable obstacle; the valley was consequently settled at a very early age. The terraced slopes round Largario, and relics of Alpine farming such as this 'rustico' are a reminder of the fact that the valley was at one time capable of supplying its own needs in the way of grain, wine, and milk.

◀ **Die Burganlagen von Bellinzona**
Im Gebiet des heutigen Bellinzona treffen nicht nur die wichtigen Passverbindungen über Nufenen, Gotthard, Lukmanier, Greina und San Bernardino zusammen, die Natur richtete es überdies so ein, dass sich just an dieser Stelle ein mächtiger Felsriegel in die Ebene hinausschiebt. Bereits im 6. Jahrhundert war Bellinzona ein befestigter Ort, und nachdem die Eidgenossen nach längerem Hin und Her die Sforza und Visconti 1501 endgültig aus dem Tessin vertrieben hatten, bauten sie die bereits bestehenden Befestigungsanlagen weiter aus. Die drei Burgen, das Castel Grande unten im Tal, das Castello di Montebello (Bild) auf halber Höhe über der Stadt und Castello di Sasso Corbaro, gehören zusammen mit der Mauer, die sich ehedem quer durch das ganze Tal zog, zu den bedeutendsten mittelalterlichen Wehranlagen der Schweiz und prägen das Stadtbild trotz moderner Bebauungen auch heute noch.

◀ **Les châteaux de Bellinzona**
Non seulement les grandes routes des cols – Nufenen, Gothard, Lukmanier, Greina et San Bernardino – se rejoignent dans la région de Bellinzona mais la nature ellemême a disposé une grande barrière rocheuse à travers la plaine juste à cet endroit. Bellinzona a été une place fortifiée dès le VIe siècle et lorsque les confédérés, après une longue période d'hostilités, eurent finalement chassé les Sforza et les Visconti du Tessin en 1501, ils agrandirent les fortifications déjà existantes. Les trois châteaux – Castello Grande ou Castel Vecchio dans la vallée, Castello di Montebello (photo) à mi-chemin, au-dessus de la ville, et Castello di Sasso Corbaro – forment, avec le mur d'enceinte qui traversait autrefois la vallée, l'une des plus importantes forteresses médiévales de Suisse et constituent l'élément d'architecture le plus frappant de la ville.

◀ **The castles of Bellinzona**
Not only do the important pass roads via Nufenen, Gothard, Lukmanier, Greina, and San Bernardino converge in the Bellinzona area, but Nature also saw fit to thrust a great rocky barrier across the plain just at this point. Bellinzona was a fortified place as early as the 6th century, and after the Confederates, following a long period of hostilities, had finally expelled the Sforza and Visconti from the Ticino in 1501, they extended the already existing fortifications. The three castles – Castello Grande down in the valley, Castello di Montebello (picture) halfway up, above the town, and Castello di Sasso Corbaro – together with the connecting wall that once ran right across the valley, form one of the most important medieval fortresses in Switzerland, and are still the town's most striking architectural feature.

◀▶ Tessiner Freskenschmuck
Die Nähe zum norditalienisch-lombardischen Kulturraum wird im Tessin vor allem auch im Freskenschmuck der Kirchen spürbar. Die Tatsache, dass die Reformation im Tessin nie Fuss fassen konnte, verhinderte hier einen Bildersturm und die umfangreiche Zerstörung von Fresken. So vermittelt das Tessin denn recht eigentlich einen Abriss der norditalienischen Wandmalerei.
Links: Chiesa Rossa in Castel San Pietro; rechts oben: Pfarrkirche San Fedele in Verscio; rechts unten: Kirche Santa Maria degli Angioli in Lugano.

◀▶ Fresques dans le Tessin
La proximité de l'Italie du Nord, de la culture lombarde se remarque au Tessin principalement dans les fresques des églises. Comme la Réformation n'a jamais réussi à s'implanter dans le Tessin, les peintures ont échappé aux iconoclastes. Les nombreuses fresques qui subsistent aujourd'hui sont comme un résumé de l'art de la peinture murale de l'Italie du Nord. A gauche: Chiesa Rossa à Castel San Pietro; à droite en haut: l'église paroissiale Saint-Fidèle à Verscio; à droite en bas: l'église Sainte-Marie-des Anges à Lugano.

◀▶ Frescoes in Ticino
The proximity of the north Italian, Lombardic culture is reflected in Ticino mainly in the church frescoes. The fact that the Reformation never succeeded in establishing itself in Ticino meant that the paintings were not subjected to the attentions of the iconoclasts. The many surviving frescoes provide an epitomy of the north Italian art of fresco painting. Left: Chiesa Rossa in Castel San Pietro; top right: Parish Church of San Fedele in Verscio; bottom right: the church of Santa Maria degli Angioli in Lugano.

▼▶ Madonna del Sasso und Ascona
Seit jeher übt die Region um Locarno eine grosse Anziehungskraft aus: Bereits zur Römerzeit besiedelt, gerät sie im 16. Jahrhundert in die Hände der Eidgenossen. Um die gleiche Zeit wurde Madonna del Sasso in Orselina zum Wallfahrtsziel, was zum Bau der Kirche Santa Maria Assunta und zur Klostergründung führte. Ganz anders ist die Anziehungskraft des einstigen Fischerdorfs Ascona, das noch immer zu den beliebtesten Ferienorten der Schweiz zählt und zudem durch die Künstlerkolonie auf dem Monte Verità von sich reden machte.

▲▶ Madonna del Sasso et Ascona
De tout temps, la région de Locarno a exercé un grand attrait: habitée dès l'époque romaine, elle est passée, au XVIe siècle, aux mains des confédérés. A la même époque, la Madonna del Sasso à Orselina est devenue un but de pèlerinage, ce qui a entraîné la construction de l'église Santa Maria Assunta et la fondation d'un monastère. Ascona, autrefois un village de pêcheurs, exerce un attrait différent; la ville, aujourd'hui l'une des stations de villégiature les plus fréquentées de Suisse, a également fait parler d'elle par la colonie de peintres du Monte Verità

▲▶ Madonna del Sasso and Ascona
The region around Locarno has exercised an irresistible attraction for centuries: it was already settled in Roman times, and in the 16th century fell to the Swiss Confederates. At the same time the Madonna del Sasso in Orselina became an object of pilgrimage, which led to the building of the church of Santa Maria Assunta and the foundation of a monastery. The one-time fishing village of Ascona is still one of the most popular holiday resorts in Switzerland, in the past it achieved a degree of Bohemian notoriety through the artists' colony on Monte Verità

▼▶ Kunstschätze in südlicher Landschaft
Der Luganersee mit seinen wunderlich verzweigten Armen verdankt seinen besonderen Reiz vor allem auch zwei Bergen, dem San Salvatore und dem Monte Brè, die wie Zuckerhüte aus dem Wasser ragen. Von der unvergleichlichen Schönheit der Landschaft angezogen fühlten sich Fremde bereits lange vor dem Bau der Gotthardbahn 1882. 1687 liess Carlo Corrado Beroldingen aus Uri nach norditalienischen, palladianischen Vorbildern am Luganerseeufer bei Castagnola die Villa Favorita (unten) bauen, die heute die Kunstsammlung Thyssen beherbergt.

▼▶ Trésors artistiques dans un paysage méridional
Le lac de Lugano, aux contours merveilleusement découpés, doit également son charme particulier à deux montagnes, le San Salvatore et le Monte Brè qui se dressent comme des pains de sucre au-dessus de l'eau. Les étrangers ont été attirés par la beauté incomparable du paysage bien avant la construction du chemin de fer du Gothard en 1882. En 1687, Carlo Corrado Beroldingen d'Uri fit construire la Villa Favorita (en bas) dans le style nord-italien, palladien, près de Castagnola, en bordure du lac; celle-ci abrite aujourd'hui la collection d'art Thyssen.

▼▶ Art treasures in a southern landscape
The special charm of Lake Lugano, with its curiously contorted shape, is partly due to two mountains, San Salvatore and Monte Brè, which seem to rise abruptly straight out of the water. Strangers felt attracted by the incomparable beauty of the countryside long before the building of the St Gothard Railway in 1882. In 1687, Carlo Corrado Beroldingen from Uri had Villa Favorita built in the North-Italian, Palladian style on the shore of Lake Lugano near Castagnola; today it houses the Thyssen art collection (below).

Graubünden

Das Land der Räter und der 150 Täler

Die Historiker sind in den vergangenen 150 Jahren nicht wesentlich klüger geworden, wenigstens was die Geschichte Graubündens oder doch die Herkunft der Räter betrifft. »Nach dunklen Überlieferungen«, so etwa das »Hand- und Hausbuch für Kantonsbürger und Reisende« von 1838, »bewohnte in der Urzeit ein Völkergemisch dieses Alpenrevier, aus welchem die Namen der Lepontier und Taurisker hervorragen«; neben und unter diesen »lebte schon lange vor Christi Geburt, in mehrere Stämme und Namen geschieden, die Nation der kriegswilden Rätier«. Unliebsam bemerkbar machten sich diese Urbündner erstmals, als sie räubernd und brandschatzend in Norditalien einfielen und sich damit Rom zum Feinde machten. »Seitdem erzählen die römischen Geschichtsschreiber öfters von diesem rätischen Alpenvolke, aber ihre Nachrichten sind über Land und Volk so schwankend und zum Theil widersprechend, dass kein historischer Fleiss oder Scharfsinn in diesem Gewirr von Sagen und Geschichten einen sicherleitenden Faden aufzugreifen vermag.«
Ob die Räter lediglich ein keltischer Stamm unter vielen waren, ob es sich um Etrusker handelte, die unter Anführung des Kriegerfürsten Rhätus vor dem expansionslüsternen Rom in die Bündner Alpen entflohen und in der wilden Hochgebirgsnatur dann allmählich »ergrobet und verwildert« sind, ob es sich bei den Rätern gar um Abkömmlinge des vorderasiatischen Volks der Ugariter handelte, die mit ihren metallurgischen Fertigkeiten nicht nur die Bronzezeit in Graubünden ein-

◂ Das Oberengadin – eine einmalige Seenkette
Hier ein Blick über die zwischen sanft abfallenden Berghängen eingebetteten blauen Wasserflächen von Stazer-, St. Moritzer-, Champfèr-, Silvaplaner- und Silsersee. Ihre Berühmtheit verdankt diese unvergleichliche Landschaft unter anderem wohl auch den ganz besonderen Lichtverhältnissen; da der nur leicht ansteigende Talhintergrund nicht durch ein Gebirge abgeschlossen wird, sondern auf seiner ganzen Breite fast senkrecht ins Bergell abfällt, entsteht der Eindruck von grenzenloser Weite.

Grisons

Le pays des Rhètes et des 150 vallées

Les historiens n'ont pas beaucoup avancé ces dernières cent cinquante années, du moins en ce qui concerne l'histoire des Grisons ou l'origine des Rhètes. «Selon une ancienne tradition», peut-on lire dans le «Hand- und Hausbuch für Kantonsbürger und Reisende» (Manuel à l'usage des citoyens du canton et des voyageurs) de 1838, «un mélange de populations, dont émergent les noms des Lépontiens et des Taurisques, habitait cette région des Alpes dans les temps primitifs»; parmi elles «vivait, bien avant la naissance du Christ, partagée en plusieurs tribus aux noms différents, la nation des Rhètes belliqueux». Ces ancêtres des Grisons se firent remarquer d'une façon désagréable lorsqu'ils envahirent l'Italie septentrionale, pillant et incendiant le pays et se faisant ainsi des ennemis des Romains. «Depuis, les historiens romains parlent souvent de ce peuple des Rhètes des Alpes mais ce qu'ils disent d'eux et de leur pays varie tellement et est parfois si contradictoire qu'aucun zèle ou perspicacité historique n'a pu débrouiller cet imbroglio de légendes et d'histoires.»
Les Rhètes étaient-ils uniquement une tribu celte parmi tant d'autres, s'agissait-il d'Etrusques qui, conduits par leur chef militaire Rhaetus, avaient fui devant les convoitises expansionnistes de Rome dans les Alpes grisonnes et étaient devenus peu à peu «rudes et sauvages» dans l'austère nature des hautes montagnes, ou même de descendants du peuple ougaritique proche-oriental qui, avec leur habilité à travailler les métaux, annoncèrent l'âge du bronze dans les Grisons et dont des

◂ La haute Engadine – une chaîne unique de lacs
Vue sur la surface bleue des lacs de Staz, St.-Moritz, Champfèr, Silvaplana et Sils, encadrés par les pentes douces des montagnes. Cet incomparable paysage doit sans doute sa célébrité en partie à la lumière particulière dont il bénéficie. Comme le fond de la vallée, qui monte en pente douce, n'est pas fermé par des montagnes mais tombe presque verticalement dans le val Bregaglia, on y a une impression d'espace infini.

Grisons (Graubünden)

The land of the Rhaetians and the 150 valleys

Historians have not got much further in the last 150 years – at least as regards the history of Grisons or the origin of the Rhaetians. "According to ancient traditions", as it says, for example, in the "Hand- und Hausbuch für Kantonsbürger und Reisende" (Manual for Citizens of the Canton and Travellers) of 1838, "a mixture of various peoples occupied this part of the Alps in olden times"; among them, "long before the birth of Christ, were the warlike Rhaetians, who were split into various tribes with different names." These original Grisons people first attracted unfavourable notice when they invaded northern Italy, plundering and burning, and thus made enemies of the Romans. "From that time on, Roman historians often refer to these Rhaetian people in the Alps, but what they have to say about them and the country they lived in is so uncertain, and in part contradictory, that no amount of historical zeal or perspicuity can succeed in tracing any kind of consistent thread through this confusion of legends and stories."
Whether the Rhaetians were simply one of the many Celtic tribes, or whether they were Etruscans, who, led by their warlord Rhaetus, fled in the face of Rome's aggressive expansionist policy and then gradually "coarsened and ran wild" in the tough world of the high mountains; whether the Rhaetians were even descendants of the Near Eastern Ugaritic people, who, with their skill in working metals, initiated the Bronze Age in Grisons, and fragments of whose Semitic vocabulary were incorporated in the Rhaeto-Romansh

◂ The Upper Engadine – a unique series of lakes
View across the blue waters of lakes Staz, St Moritz, Champfèr, Sylvaplana and Sils, set among the gentle mountain slopes of the Upper Inn valley. The fame of this incomparable countryside is surely partly due to the prevailing light conditions here. An impression of endless distance is created by the fact that the valley, which slopes only gently at first, is not blocked at its end by mountains, but instead drops almost vertically into the Bregaglia Valley.

läuteten, sondern auch semitisches Wortgut ins spätere, natürlich erst unter den Römern entstandene Rätoromanische einbrachten, das alles ist nach wie vor heftig umstritten und zum Teil in höchstem Mass spekulativ. Im übrigen sind die Rätoromanen gegenwärtig nicht in erster Linie daran interessiert, um jeden Preis herauszufinden, wer denn ihre Vorfahren waren; vordringlichstes Anliegen der Romanen ist es zur Zeit, das Rätoromanische als Sprache überhaupt am Leben zu erhalten.
Auf dem Rückzug befindet sich diese Sprache, eine Weiterentwicklung des Vulgärlateins, bereits seit 1500 Jahren, und in dem Mass, in dem sie sich entwickelte und veränderte, regionale Färbungen annahm und zum Rätoromanischen, zum Friaulischen und zum Dolomitenladinischen ausdifferenzierte, wurde sie durch das Deutsche und Italienische zurückgedrängt. Den von Norden anrükkenden Alemannen und später den Franken kam die Sprache, wie sie um 500 n. Chr. zwischen Bodensee und Comersee, zwischen dem Gotthard und dem Brenner durchgängig geläufig war, recht eigentlich »churwälsch« vor, die Reichsbeamten schrieben und verwalteten denn auch lieber in Früh- und später in Mittelhochdeutsch. 843 kam das Bistum Chur von der Erzdiözese Mailand weg und wurde dem Erzbistum Mainz – und damit deutschem Einfluss – unterstellt, im 13. und 14. Jahrhundert strömten zudem alemannische Walser in mehreren Zügen ins Land und gründeten in den kaum bewohnten Höhenlagen ihre weitgestreuten Siedlungen. Der Grossbrand schliesslich, der 1464 Chur einäscherte, verdrängte das Romanische definitiv aus der Bischofsstadt: Die alemannischen Handwerker, die die Stadt wieder aufbauten und sich dann hier auch niederliessen, sprachen selbstverständlich Deutsch.
Nur: Es waren nicht nur die leidigen Unterländer, die das Romanische sukzessive zurückdrängten. Aus »praktischen Gründen«

éléments de leur vocabulaire sémitique furent introduits dans la langue rhéto-romane lorsqu'elle se développa sous les Romains, toutes ces questions sont encore fort controversées et relèvent en partie de la pure spéculation. De toute façon, actuellement, les populations rhéto-romanches ne veulent pas savoir à tout prix quels furent leurs ancêtres; ce qui leur importe, pour le moment, c'est d'empêcher la disparition de leur langue.
Depuis 1500 ans déjà, cette langue, qui dérive du latin populaire, est en perte de vitesse et à mesure qu'elle s'est développée et transformée en prenant des colorations régionales pour se diviser en rhéto-romanche, frioulan, ladin – le dialecte des Dolomites –, elle a été refoulée par l'allemand et l'italien. Pour les Alamans, qui venaient du Nord, et les Francs par la suite, cette langue qui, vers 500 apr. J.-C., était répandue entre le lac de Constance et le lac de Côme, les cols du St.-Gothard et du Brenner, était hermétique, aussi les fonctionnaires impériaux préférèrent-ils écrire et administrer en vieux haut allemand puis en moyen haut allemand. En 843, l'évêché de Coire passa de l'archevêché de Milan à celui de Mayence – et ainsi sous influence allemande – et, aux XIIIe et XIVe siècles, des Walser alémaniques, originaires du Haut-Valais, pénétrèrent par vagues successives dans le pays et fondèrent leurs colonies dispersées dans les hauteurs guère habitées jusque-là. Enfin, le grand incendie, qui réduisit Coire en cendres en 1464, refoula définitivement le romanche de la cité épiscopale: les artisans alémaniques, qui reconstruisirent la ville et finirent par s'y établir, parlaient évidemment l'allemand.
Cependant, ce ne furent pas seulement les habitants des basses terres qui refoulèrent successivement le romanche. Pour des «raisons pratiques», l'allemand fut la langue officielle et commerciale dans la région des trois ligues jusqu'en 1794 et ce n'est qu'en 1825 qu'il fut décidé de publier les lois également

language when it developed later, under the Romans – all this is still highly controversial and in part extremely speculative. In any case, the Rhaeto-Romansh peoples are at present not primarily interested in finding out at all costs who their ancestors were; their main aim is to prevent their language from fading into extinction.
This language – a further development of vulgar Latin – has been on the retreat for 1,500 years already, and in the same degree as it developed and changed, taking on regional forms such as Rhaeto-Romance, Friulian, and the Ladin of the Dolomites, it was superseded by German and Italian. To the Alamanni, moving in from the north, and later the Franks, the language, which at that time, around 500 AD, was widespread between Lake Constance and Lake Como, between the St Gothard and the Brenner passes, was incomprehensible, and the imperial officials preferred to use and administer in Old High German, and later in Middle High German. In 843, the bishopric of Chur was transferred from the archbishopric of Milan to that of Mainz, and thus came under German influence. And then, in the 13th and 14th centuries, several waves of Alamannic immigrants from Valais moved into the country and founded their scattered settlements in the scarcely inhabited higher regions. Finally, the great fire that destroyed Chur in 1464 eliminated the Romansh element from the city: the Alamannic workers who rebuilt the town, and subsequently settled there, spoke German.
However, it was not only the tiresome lowlanders who kept the Romansh language on the run. Until 1794, German, for "practical reasons", was the official and commercial language of the region; it was not until 1825 that it was decided that laws should be published also in Romansh, and a further 55 years were to pass before the canton constitution recognized Romansh as the third official cantonal language in addition to Italian and Ger-

war Deutsch im Gesamtstaat der drei Bünde bis 1794 die offizielle Amts- und Geschäftssprache, erst 1825 beschliesst der Rat, Gesetze auch auf Romanisch zu publizieren, und es vergehen weitere 55 Jahre, bis die Verfassung das Romanische zur dritten Kantonssprache – neben Italienisch und Deutsch – erklärt. Fortschrittliche Bündner betrachten die Sprache jedoch als nicht zu unterschätzendes Hindernis für die Entwicklung des Fremdenverkehrs, und so wird in Mittelbünden bereits um 1850 in Schulen und Kirchen das Deutsche wieder eingeführt.
Weitere 150 Jahre, bessere Verkehrsverbindungen, ein intensivierter Tourismus, die Zuwanderung Auswärtiger in den Kanton und die Abwanderung der Bündner selbst in mehrheitlich deutschsprachige Gemeinden besorgen den Rest: 1850 standen rund 37000 deutschsprachigen Kantonsbewohnern etwa 42000 Romanen gegenüber, heute reden zwar noch immer rund 38000 Bündner Romanisch, aber der Anteil der Deutschsprachigen ist auf annähernd 100000 angestiegen, die Italienischsprechenden legten im gleichen Zeitraum von 12000 auf 22000 zu. Erschwerend fällt ins Gewicht, dass Rätoromanisch, bedingt durch die Kammerung des Kantons, in fünf verschiedenen Idiomen gesprochen wird, und man sich so zum Teil nicht einmal in der eigenen Sprache miteinander verständigen kann. Mit dem Rumantsch Grischun, einer Art Idiom-Verschmelzung, soll nun wenigstens versucht werden, eine allen Bündnern gemeinsame Hochsprache zu schaffen. Durchsetzen könnte sich diese Sprache allerdings nur dann, wenn in den Schulen durchweg Rumantsch Grischun unterrichtet und die Sprache dann überall im Alltag auch angewendet würde – mit einer Hartnäckigkeit auch den Fremden gegenüber, wie das die Katalanen jetzt neuerdings wieder tun. Die Frage ist nur, ob sich »die Ferienecke der Schweiz«, der Tourismuskanton par excellence, das überhaupt leisten kann.

en romanche. Il fallut attendre encore 55 ans jusqu'à ce que la constitution du canton reconnaisse le romanche comme la troisième langue officielle du canton, à côté de l'italien et de l'allemand. Toutefois, les Grisons progressistes ont toujours considéré la langue comme un obstacle au développement du tourisme aussi l'allemand fut-il réintroduit, dès 1850, dans la région centrale des Grisons dans les écoles et les églises. 150 ans de plus, l'amélioration des communications, l'intensification du tourisme, et des changements dans la composition de la population firent le reste: en 1850, il y avait environ 37000 habitants du canton de langue allemande contre 42000 de langue romanche, aujourd'hui il y a bien encore quelque 38000 Grisons qui parlent le romanche mais le nombre des Grisons de langue allemande approche les 100000 et le nombre des habitants de langue italienne est passé dans le même temps de 12000 à 22000. Une autre difficulté est que, du fait de la géographie du canton, le rhéto-romanche est parlé en cinq idiomes différents et que les Grisons ne se comprennent parfois même pas dans leur propre langue. Une tentative est faite actuellement pour créer avec le *Rumantsch-Grischun*, un mélange d'idiomes, une langue commune à tous les Grisons d'expression rhéto-romanche.
Cette langue ne pourra toutefois s'imposer que si elle est enseignée dans les écoles et est également utilisée dans la vie quotidienne de façon conséquente, même vis-à-vis des touristes, comme le font les Catalans par exemple. Reste cependant à savoir si ce «coin touristique de la Suisse», le canton du tourisme par excellence, peut se le permettre.
C'est au plus tard en 1882, après l'ouverture de la route du St.-Gothard, que les Grisons ont remarqué que le tourisme était indispensable pour leur canton: le trafic lucratif par les cols des Grisons s'était tari d'un seul coup et, pendant un certain temps, le canton fut menacé d'un isolement total. Avec un enthou-

man. Progressive elements in the canton, however, have always regarded the language as an obstacle to the development of tourism, and consequently German was reintroduced in churches and schools in central Grisons as early as 1850. Another 150 years, improved communications, intensified tourism, and shifts in the population structure completed the change: in 1850 there were about 37,000 German-speaking people in the canton as opposed to about 42,000 Romansh-speakers, today there are still about 38,000 Romansh-speaking people in Grisons, but the number of German-speakers has risen to nearly 100,000, and the Italian-speaking population has increased in the same period from 12,000 to 22,000. An additional difficulty is that due to topographical conditions, Rhaeto-Romance is spoken in five different idioms, so that not even those who do speak the language can always understand one another. An attempt is currently being made to popularize *Rumantsch-Grischun*, a kind of mixed idiom by means of which all Grisons Rhaeto-Romansh-speaking people could understand one another.
Rumantsch-Grischun will only have a chance of survival, however, if it is used as the teaching language in the schools and is persistently applied in everyday life – even in the face of tourism, as is now being practised by the Catalans, for example. The question is simply whether "Switzerland's holiday paradise", the archetypal tourist canton, can afford to do so. The fact that tourism is vital to their canton was appreciated by the Grisons people at the latest after the opening of the St Gothard route in 1882: the lucrative traffic across the Grisons passes suddenly dried up, and for a time the canton was threatened with total isolation. With admirable energy, six years after the St Gothard Railway was opened, Grisons constructed within a period of only 25 years the Rhaetian Railway, whose 250 miles of track connected up the most important of the

Dass der Fremdenverkehr für den Kanton unerlässlich ist, merkten die Bündner spätestens nach Eröffnung der Gotthardstrecke 1882: Der lukrative Verkehr über die Bündner Pässe fiel mit einemmal dahin, dem Kanton drohte vorübergehend die völlige Isolation. Mit bewunderungswürdigem Elan bauten die Bündner sechs Jahre nach Inbetriebnahme der Gotthardbahn in nur 25 Jahren die Rhätische Bahn, deren 400 Kilometer langes Schienennetz die wichtigsten der 150 Täler des Kantons sicher miteinander verband und zugleich grössere Teile des Kantons dem Tourismus erschloss. Rund 50 Prozent des Bündner Volkseinkommens stammen heute aus dem Fremdenverkehr, ohne die 17 Millionen Übernachtungen, die Weekendgäste aus Mailand, München und Zürich und den Transitverkehr wäre der Kanton schlimm dran. Die Landwirtschaft – in Graubünden vornehmlich Berglandwirtschaft – beschäftigt zwar noch immer rund 10 Prozent aller Erwerbsfähigen, erarbeitet aber lediglich einige wenige Prozent des Volkseinkommens und dient vielerorten nur mehr der Landschaftspflege im Dienst des Tourismus. Das mit 2000 Angestellten einzige grössere industrielle Unternehmen des Kantons steht in Domat-Ems, mit rund 1000 Arbeitsplätzen erreicht allerdings auch die Nutzung der Wasserkraft im Kanton quasi-industrielle Dimensionen. Überdurchschnittlich stark vertreten ist schliesslich auch das Baugewerbe, das vom Bau der Wasserkraftwerke, dem Ausbau und Unterhalt der rund 3500 Kilometer Strasse auf Kantonsgebiet und vom Bau unzähliger Ferienwohnungen jahrelang recht gut lebte. Das wird sich aber wohl ändern: Jetzt, da die Grenzen des Wachstums auch in Graubünden wahrgenommen werden, und wenn der Kanton sein wertvollstes Kapital, die unvergleichlichen Natur- und Kulturlandschaften des Engadins, der Greina, der Alp Grüm und der anderen Täler erhalten will, wird sich auch die Bautätigkeit merklich verlangsamen müssen.

siasme remarquable, six ans après l'ouverture de la voie ferrée du St.-Gothard, les Grisons construisirent en l'espace de 25 ans seulement le chemin de fer rhétique dont le réseau long de 400 kilomètres relia les 150 vallées les plus importantes du canton et ouvrit en même temps de grandes parties de la région au tourisme. 50 pour cent environ des revenus des Grisons proviennent aujourd'hui du tourisme et sans les 17 millions de nuitées, les visiteurs d'un week-end de Milan, Munich et Zurich et sans le trafic de transit, les Grisons, le plus grand canton de la Suisse, seraient en mauvaise posture. L'agriculture – et dans les Grisons il s'agit essentiellement d'une agriculture de montagne – occupe encore 10 pour cent environ de la population active mais elle ne représente que quelques pour cent du revenu national et, en bien des endroits, ne sert plus qu'à entretenir le paysage pour le bien du tourisme. L'unique grande entreprise industrielle du canton, qui emploie 2000 personnes, se trouve à Domat-Ems, mais l'exploitation de l'énergie hydraulique, qui fournit environ 1000 emplois, atteint également des dimensions quasi industrielles. Le secteur du bâtiment est également bien représenté, ses activités plus que supérieures à la moyenne proviennent de la construction de complexes hydro-électriques, de l'amélioration et de l'entretien des quelque 3500 kilomètres de routes dans le canton et de la construction d'innombrables logements de vacances. Mais cette situation devrait changer maintenant que, dans les Grisons également, on s'aperçoit peu à peu des limites de la croissance. Et si le canton veut préserver son capital le plus précieux, les incomparables paysages de l'Engadine, de la Greina, de l'Alp Grüm et de toutes les autres vallées, il lui faudra de toute façon mettre un frein à la construction.

canton's 150 valleys and at the same time opened up large areas to tourism. Today about 50 per cent of the income of Grisons comes from tourism, and without the 17 million overnight stays, without the weekend visitors from Milan, Munich, and Zurich, and without the transit traffic, Grisons, the largest Swiss canton, would be in a bad way. Agriculture – and in Grisons this mainly means mountain farming – still occupies about 10 per cent of the working population, but it yields only a few per cent of the canton's income, and in many places is more a matter of tending the landscape in the service of tourism than of proper farming. The one and only larger industrial undertaking in the canton, employing 2,000 people, is in Domat-Ems, although the exploitation of water-power, which provides about a thousand jobs, also reaches quasi-industrial dimensions. Construction and building is also disproportionately well represented, profiting as it does from the building of hydro-electric power-stations, the improvement and maintenance of roughly 2,000 miles of roads on canton territory, and the building of countless holiday apartments. This, however, is likely to change now that also in Grisons it is gradually being recognized that there is a limit to growth; and it must change if the canton wishes to preserve its most valuable capital: the incomparable natural and man-made countryside of the Engadine, the Greina, the Alp Grüm, and all the other magnificent valleys.

▶ Adam und Eva in Ardez – ein atypischer Fassadenschmuck
Nur gerade die Schrifttafel und die Eckquader dieses Hauses in Ardez, das sich ein Dumeng Clalgüna 1647 erbauen liess, sind in der für die Fassadendekorationen vom Bergell bis ins Unterengadin charakteristischen Sgraffito-Technik ausgeführt. Die übrige Fläche wurde im 18. Jahrhundert unter dem Einfluss der Tiroler Malerei bunt bemalt; links des Erkers mit Soldaten in französischen Uniformen aus dieser Zeit, rechts der Tür mit einer Darstellung von Adam und Eva. Rankenwerk schlingt sich bis unter den Giebel.

▶ Adam et Eve à Ardez – une décoration de façade atypique
Seuls l'inscription et le coin de cette maison à Ardez, qu'un certain Dumeng Clalgüna fit construire en 1647, sont exécutés selon la technique des sgraffites caractéristiques de la décoration des façades, du val Bregaglia jusqu'en basse Engadine. Le reste de la surface a été peint au XVIIIe siècle sous l'influence des peintures tyroliennes. A gauche de l'oriel: des soldats en uniforme de l'époque; à droite de la porte: une représentation d'Adam et Eve. Le feuillage peint grimpe jusque sous le toit.

▶ Adam and Eve in Ardez – an atypical painted façade
Only the inscription and the corner of this house in Ardez, which was built by a certain Dumeng Clalgüna in 1647, make use of the sgraffito technique normally characteristic of façade decoration from the Bregaglia Valley to Lower Engadine. The rest of the front was colourfully painted in the 18th century under the influence of the Tyrolese fresco style; the scene on the left of the oriel shows soldiers in French uniforms of the period, and on the right of the door is a depiction of Adam and Eve. The painted foliage climbs all the way up to the eaves.

◀▼ Burgen und Ortsbilder im malerischen Unterengadin
Das in seiner Grundsubstanz aus dem 11. Jahrhundert stammende, im 16. und 17. Jahrhundert beträchtlich erweiterte und umgestaltete Schloss Tarasp stand jahrhundertelang im Brennpunkt der Territorialkämpfe zwischen der Grafschaft Tirol und den Bischöfen von Chur.
Hoch über dem Talgrund liegt Guarda, einst Etappenort an der alten Durchgangsstrasse, heute berühmt durch sein intaktes Dorfbild mit den reich mit Sgraffiti verzierten typischen Engadinerhäusern.

◀▲ Châteaux et villages dans la région pittoresque de basse Engadine
Le château de Tarasp, édifié au XIe siècle, puis considérablement agrandi et transformé aux XVIe et XVIIe siècles, fut pendant des siècles au centre de querelles territoriales entre le comté du Tyrol et les évêques de Coire.
Dominant la vallée, Guarda, qui était jadis une étape sur l'ancienne route de passage, est célèbre aujourd'hui par son caractère intact et ses maisons engadinoises richement décorées de sgraffites.

◀▲ Castles and villages in picturesque Lower Engadine
Tarasp Castle, which was built in the 11th century, and then considerably extended and refurbished in the 16th and 17th centuries, was at the centre of territorial squabbles between the county of Tyrol and the bishops of Chur for hundreds of years.
High above the floor of the valley is Guarda, once a stage on the old through-road, today famous for its intact village ensemble with the typical Engadine houses richly ornamented with sgraffiti.

◀ St. Moritz – die Weltstadt im Hochtal
Erst die verschiedenen um die Jahrhundertwende durch die Engländer nach St. Moritz gebrachten Wintersportarten – Ski, Eislauf, Bob, Skeleton, Pferderennen auf Schnee – machten aus dem einstigen Wallfahrtsort und späteren Heilbad das mondäne und weltweit bekannte Zentrum des Oberengadins. Glitzernd spiegelt sich das verschneite »Dorf« im stillen See; das rege Nachtleben der internationalen Gästeschar lässt sich hinter den erleuchteten Fenstern nur erahnen.

◀ St.-Moritz – la ville dans la haute vallée
Ce sont les différents sports d'hiver amenés à St.-Moritz par les Anglais au tournant du siècle – ski, patinage, bobsleigh, skeleton, course de chevaux sur neige – qui firent de l'ancien lieu de pèlerinage, et station balnéaire par la suite, le centre mondain et mondialement connu de la haute Engadine. Le «village» couvert de neige étincelante se reflète dans les eaux tranquilles du lac; les fenêtres illuminées laissent uniquement deviner la vie nocturne animée que mènent les hôtes mondains et internationaux de la station.

◀ St Moritz – the city in the mountains
It was the various kinds of winter sports brought to St Moritz by the English around the turn of the century – skiing, skating, bobsledding, skeleton tobogganing, horse racing on snow – which transformed the former place of pilgrimage and later spa into what it now is: the sophisticated and world-famous centre of the Upper Engadine. The glittering "village" is reflected in the tranquil waters of the lake, the lively night-life enjoyed by the international jet-set is merely hinted at by the brightly-lit windows.

◀ **Die südlichen Täler – Ergebnis bündnerischer Pässepolitik**
Wohl mancher Reisende wähnt sich am Südfuss der Pässe San Bernardino, Maloja und Bernina bereits im Tessin oder in Italien. Doch auch das Misox, das Bergell und das Puschlav gehören – allerdings nach wechselvoller und teils blutiger Geschichte – ebenfalls zu den »150 Tälern Graubündens«.
Soglio im Bergell beeindruckt durch sein von der Kirche und zahlreichen Palazzi dominiertes Ortsbild und die typischen Kastanienwälder.

◀ **Les vallées méridionales des Grisons**
Il est certain que plus d'un voyageur arrivé au pied sud des cols du San Bernardino, de Maloja et de la Bernina se croit déjà dans le Tessin ou en Italie. Mais les vals Mesolcina, Bregaglia et Poschiavo font partie des «150 vallées des Grisons» – à vrai dire après une histoire agitée et en partie tachée de sang.
Soglio, dans le val Bregaglia, a un caractère particulier que lui confèrent son église et ses nombreux palais ainsi que les châtaigneraies tout à fait typiques.

◀ **The southern valleys of Grisons**
No doubt many a traveller arriving at the southern foot of the San Bernardino, Maloja, and Bernina passes has the feeling that he has already arrived in Ticino or Italy. But, after a varied and at times violent history, Mesolcina, Bergaglia, and Poschiavo were also incorporated in Grisons' 150 valleys.
Soglio in the Bergaglia Valley, surrounded by chestnut forests typical of the area, is dominated by its church and numerous palazzi.

◀▼ Misox und Puschlav
Hoch über dem Haupttal des Misox markiert Sta. Maria in Calanca den Eingang ins Calancatal. San Carlo ist ein Dorf an der Grenze zwischen dem alpinen und dem schon südlich anmutenden Teil des Puschlavs.

◀▲ Mesolcina et Poschiavo
Surplombant la principale vallée de Mesolcina, Sta.-Maria in Calanca marque le début du val Calanca. San Carlo est un village à la frontière entre la partie alpine et la partie d'aspect déjà méridional du val Poschiavo.

◀▲ Mesolcina and Poschiavo
High above the main Mesolcina valley, Sta Maria in Calanca marks the beginning of the Calanca Valley. San Carlo is a village on the border between the alpine part of the Poschiavo valley and its southern part, which already makes a meridional impression.

◂▸ St. Peter in Mistail – älteste Dreiapsidenkirche
Die aus der zweiten Hälfte des 8. Jahrhunderts stammende karolingische Kirche St. Peter gehörte im Frühmittelalter zu einem Frauenkloster. Sie stellt ein eindrückliches Beispiel einer für den ostalpinen Raum typischen baulichen Sonderform dar; des aus den frühchristlichen Oratorien hervorgegangenen rätischen Dreiapsidensaals. Im Innern sind nebst drei karolingischen Altarblöcken Reste karolingischer Malereien erhalten geblieben, so in der Mittelapsis Christus in der Mandorla und die zwölf Apostel, an der Nordwand ein Heiliger Christophorus.

◂▸ L'église St.-Pierre à Mistail – la plus ancienne église avec trois absides
Cette église carolingienne, datant de la deuxième moitié du VIIIe siècle, appartenait au début du moyen âge à un couvent de religieuses. C'est un exemple impressionnant d'une forme de construction typique de la région des Alpes de l'Est – l'église rhétique à trois absides issue de la forme des premiers oratoires chrétiens. L'intérieur renferme trois autels carolingiens et des vestiges de peintures carolingiennes – dans l'abside centrale, par exemple, un Christ dans une mandorle et les douze apôtres et, sur le mur nord, un saint Christophe.

◂▸ St Peter's in Mistail – the oldest church with a triple apsis
In the early Middle Ages, this Carolingian church, dating back to the second half of the 8th century, belonged to a convent. It is an impressive example of a form of building typical of the eastern Alps – the Rhaetian three-apse church, which developed from the early Christian oratory. The interior contains three Carolingian altars, and remnants of Carolingian paintings – in the centre apsis, for example, a Christ in a mandorla, and the twelve apostles, and, on the north wall, a St Christopher.

Latsch im Albulatal
Das kleine Dorf Latsch liegt auf einer Hangterrasse oberhalb Bergüns; auf der gegenüberliegenden Talseite erheben sich die markanten Gipfel des Piz Ela, des Tinzenhorns und des Piz Michel. Nicht weit entfernt, zwischen Bergün und La Punt, verläuft der Albulapass, der bereits zur Bronzezeit benutzt wurde und lange Zeit zu den meistbegangenen Pässen Graubündens gehörte.

Latsch dans le val d'Albula
Le hameau de Latsch est situé sur une terrasse au-dessus de Bergün; sur le versant opposé de la vallée se dressent les sommets marquants du Piz Ela, du Tinzenhorn et du Piz Michel. Non loin de là, entre Bergün et La Punt, se trouve le col de l'Albula qui était déjà emprunté à l'âge du bronze et fut pendant longtemps l'un des cols les plus fréquentés des Grisons.

Latsch in the Albula Valley
The hamlet of Latsch lies on a terrace above Bergün; on the opposite side of the valley rise the striking peaks of Piz Ela, Tizenhorn, and Piz Michel. Not far away, between Bergün and La Punt, is the Albula Pass, which was already used during the Bronze Age, and for a long time was one of the busiest passes in Grisons.

◀ Ruinaulta-Schlucht – der Rhein zwischen Bergsturztrümmern
Das kontrastreiche Bild des zwischen weissen Felsen und dunkel bewaldeten Abhängen talwärts ziehenden Vorderrheins ist das Ergebnis eines der grössten Felsstürze im ganzen Alpengebiet nach dem Ende der letzten Eiszeit. Der Vorderrhein wurde damals völlig gestaut, und erst allmählich fanden die Wasser wieder ihren Weg, indem sie über Jahrtausende weg diese bizarre Kerbe ins Gestein gruben.

▶ Via Mala – tiefe Schlucht und »schlechte Strasse«
Auch der Hinterrhein wurde einst nach dem Abschmelzen der eiszeitlichen Gletscher gestaut. Im Lauf der Zeit hat er sich dann ein tiefes und enges Tal geschaffen. Zur Überwindung dieses Hindernisses auf dem alten Römerweg zwischen der Poebene und Chur liess Graf Jörg von Werdenberg bereits 1473 einen grösstenteils in die Felsen gehauenen Saumweg, die »Via Mala«, anlegen.

◀ La gorge de Ruinaulta – le Rhin entre des débris de roches
L'image pleine de contrastes offerte par les rochers blancs et les versants couverts de sombres forêts des deux côtés du Vorderrhein (Rhin antérieur) est le résultat de l'un des plus grands glissements de roche de toute la région alpine à la fin de la dernière période glaciaire. Le Vorderrhein fut à ce moment-là complètement bloqué et il fallut des millénaires pour qu'il se fraye à nouveau un passage en creusant cet étrange ravin dans la roche.

▶ Via Mala – gorge profonde et «mauvaise voie»
Le cours du Rhin postérieur (Hinterrhein) fut aussi bloqué autrefois après la fonte des glaciers. Mais, avec le temps, il réussit également à se creuser un profond et étroit couloir. Pour franchir cet obstacle sur l'ancienne route romaine entre la plaine de Pô et Coire, le comte Jörg von Werdenberg fit aménager, dès 1473, un sentier muletier, en grande partie taillé dans le roc, et que l'on appela la «Via Mala».

◀ The Ruinaulta Gorge – the Rhine between rock-slide debris
The chiaroscuro effect of the white rock and the dark, wooded slopes on either side of the Vorderrhein, is the result of one of the largest rock-slides in the whole of the Alpine region, which occurred at the end of the last Ice Age. The Vorderrhein (the Rhine's principal headstream) was at first totally blocked, and it took thousands of years for the river to cut this bizarre ravine through the immense obstacle.

▶ Via Mala – deep gorge, and "bad road"
The course of the Hinterrhein was also once blocked after the glaciers had melted, but in the course of time it too cut its way through the rock to form a deep and narrow gorge. In order to overcome this obstacle along the old Roman route between the Po Valley and Chur, Count Jörg von Werdenberg had a mule track, much of which was cut into the living rock, constructed in 1473, and this earned itself the apt name of Via Mala.

Jura

Bewegte Geschichte auf kleinem Raum

In der naturgeographischen Dreifaltigkeit von Alpen, Mittelland und Jura spielt der Jura sicher die unbedeutendste Rolle. Mit seiner höchsten Erhebung, dem Mont Tendre (1680 m), überragt er freilich den Napf (1408 m) im Entlebuch, und auch die Dent de Vaulion und la Dôle dürfen sich daneben durchaus sehen lassen. Der Chasseral bringt es immerhin noch auf 1607 Meter, und mit der Vue des Alpes verfügt der Jura zudem über einen Pass in der respektablen Höhe von 1283 Metern – hoch genug jedenfalls, um das Tal von La Chaux-de-Fonds – vor allem auch in den Wintermonaten – markant vom Mittelland abzuheben.
Aber der Jura, das ist nicht in erster Linie eine Frage der Höhen, der Erhebungen und Gipfel, ein Vergleich mit den Alpen oder auch bloss mit den Voralpen ist darum auch ziemlich sinnlos. Der Jura ist eine Welt und eine Dimension für sich, von ferne gesehen ein dunkelgrün-bläuliches Band am Horizont, ein langgestreckter Höhenzug ohne jede einprägsame oder gar dramatische Form. Zwar hebt sich der Jura von Olten bis Yverdon praktisch unvermittelt aus dem Mittelland heraus, doch schroff oder bedrohlich wirken die Kalkwände eigentlich nie, auch da nicht, wo Erosion oder Steingewinnung die Felsbänder und Schichten blossgelegt haben. Was man vom Jura immer zuerst und fast ausschliesslich wahrnimmt, sind denn auch nicht die geologischen Besonderheiten und Formen, sondern der Wald. Ob Laubmischwald in den eher nördlich gelegenen Zonen oder reiner Tannenwald gegen die Westschweiz

◀ Basel – die erste Stadt am Oberrhein
Basel ist heute als Sitz grosser Unternehmen bekannt. Weniger bekannt ist, dass auf dem Münsterhügel – im Vordergrund am Rhein zwischen den beiden Brücken – nacheinander Rauraker, Römer, Alemannen und Franken siedelten, Basel mit dem Bau einer Brücke 1225 zum wichtigen Transithandelsort wurde und es bis heute in Verbindung mit den Rheinhäfen geblieben ist, und dass mit der 1460 gegründeten Universität sich Basel auch intellektuell an die Spitze der Eidgenossenschaft setzte.

Jura

Une histoire agitée dans un espace réduit

Dans la trinité géographique que forment les Alpes, le Plateau et le Jura, ce dernier joue certainement le rôle le plus insignifiant. Certes, avec son plus haut sommet, le Mont Tendre (1680 m), il dépasse le Napf (1408 m) qui se trouve dans l'Entlebuch, et la Dent de Vaulion et la Dôle ne sont pas des sommets négligeables. Le Chasseral, lui, culmine à 1607 mètres et, avec la Vue des Alpes, le Jura dispose en outre d'un col situé à la respectable hauteur de 1283 m, une hauteur suffisante en tout cas pour permettre à la vallée de La Chaux-de-Fonds de se démarquer – surtout en hiver – du Plateau.
Mais le Jura ne se caractérise pas uniquement par ses hauteurs et ses sommets, aussi une comparaison avec les Alpes ou même avec les Préalpes paraît-elle assez dénuée de sens. Le Jura est un monde et une dimension en soi; vu de loin, c'est une bande vert sombre, bleuâtre à l'horizon, une chaîne de plateaux qui s'étire en longueur sans aucune forme marquante ou dramatique. Le Jura a beau dominer le Plateau, d'Olten à Yverdon, sa muraille de calcaire pourtant ne paraît jamais abrupte ou menaçante même pas là où l'érosion et les carrières ont mis à nu les différentes couches de roches. Ce qui frappe dans le Jura, ce ne sont pas ses caractéristiques et ses formes géologiques mais bien ses forêts. Qu'il s'agisse des forêts mixtes dans les zones plus au nord ou des forêts de conifères uniquement, le Jura a toujours été synonyme de forêt. *Jor*, le mot celte pour forêt, a été volontiers repris par les Romains et, depuis l'époque de Pline et de César au plus tard, la chaîne a porté le nom de

◀ Bâle, la première ville sur le haut Rhin
Aujourd'hui, Bâle est connue comme siège des grandes entreprises. Moins connu est le fait que sur la colline qui porte aujourd'hui la cathédrale Rauraci, Romains, Alamans et Francs s'établirent à tour de rôle, qu'avec la construction d'un pont, en 1225, Bâle devint une importante place de transit et qu'elle l'est restée jusqu'à maintenant grâce aux ports du Rhin et que, avec son université fondée en 1460, Bâle vient en tête des centres intellectuels de la Confédération helvétique.

Jura

A small region with a lively history

In the geographical trinity of Alps, Central Plateau, and Jura, the latter certainly plays only a supporting role. With its highest peak, Mont Tendre (5,512 ft), it surpasses Mt Napf (4,619 ft) in the Central Plateau's Entlebuch Range; and Dent de Vaulion and la Dôle do not need to shy this comparison either. Mt Chasseral, too, soars to the respectable height of 5,272 ft, and furthermore, with its Vue des Alpes, the Jura can boast a pass that rises to a creditable 4,209 ft – high enough in any case to enable the valley of La Chaux-de-Fonds to look down upon the Central Plateau, especially in winter, when the snows add to the contrast.
But the character of the Jura does not depend primarily upon altitude, so that a comparison with the Alps, or even with the Pre-Alps, is therefore rather pointless. The Jura is a world and a dimension of its own – seen from the distance, it forms a dark- green, bluish band along the horizon, a lengthy range of uplands without any striking or dramatic accents. The Swiss Jura does rise abruptly out of the Central Plateau all the way from Olten to Yverdon, and yet its limestone escarpment face never looks precipitous or threatening, even not in those places where erosion or quarrying have laid bare the various rocky strata. In fact, the first and almost exclusive impression of the Jura is inevitably provided by its forests rather than by geological characteristics or forms. The Jura has always been associated with forest, be it the mixed deciduous forests in the more northerly zones, or the pure fir forests towards the western part of Switzer-

◀ Basle – the first town on the Upper Rhine
Today Basle is famous as the site of large chemical and pharmaceutical works. Less well known is the fact that Minster Hill – in the foreground – was settled in turn by the Celtic Raurici, the Romans, Alamanni, and Franks, that Basle became an important centre for transit trade after a bridge was built in 1225, and has remained such to today thanks to its connection with the Rhine ports, and that with its university, founded in 1460, it also became the most important intellectual centre in Switzerland.

hin: Jura war schon immer gleichbedeutend mit Wald. Das keltische *jor* für Wald wird von den Römern bereitwillig übernommen, spätestens seit Plinius und Cäsar trägt der Gebirgszug die Bezeichnung Mons Jurassus, Waldgebirge eben.
Rund 420 Kilometer lang ist der Jura, wenn man ihn von Echaillon bei Grenoble, wo er anfängt, bis Regensberg im Kanton Zürich, wo er endet, misst. Diese 420 Kilometer gelten indes nur, wenn man die äussere, die konvexe Seite des Gebirgszugs ausmisst oder abschreitet. Diese Seite liegt ganz auf französischem Staatsgebiet. Kürzer, nur etwa 360 Kilometer lang ist der Jura auf seiner inneren, der konkaven Seite, rund zwei Drittel davon erstrecken sich über schweizerisches Gebiet. Von dieser weitausholenden, vielfach gefältelten Sichel, die ihre grösste Breite zwischen Orbe und Besançon erreicht, liegt jedoch bestenfalls ein Viertel auf Schweizer Boden – aber es ist sicher nicht einfach Chauvinismus, wenn man dieses Viertel für den besten, den attraktivsten Teil des Juras hält.
Den besonderen Reiz der Schweizer Seite macht aus, dass hier die Gebirgsfaltung prägnantere Spuren hinterlassen und eine grössere Vielfalt an Landschaftsformen hervorgebracht hat als in Frankreich, wo das Gebirge verhältnismässig rasch abflacht und unmerklich in die Saôneebene übergeht; der gewaltige Druck, der vor Jahrmillionen den Jura hochhob, reichte für eine anständige Gebirgsbildung in Frankreich nicht mehr aus. Der Jura seinerseits ist dabei wieder nur ein Nebenprodukt der viel bedeutenderen Alpenfaltung, die vor rund 60 Millionen Jahren einsetzte und grundsätzlich bis heute andauert. In einer ersten Phase legte der wachsende Druck von den Alpen her die im Tethysmeer abgelagerten Kalkmassen im Jurabereich in niedrige Falten, die sich sichelförmig zwischen das geologisch wesentlich ältere Massif Central und die Vogesen ausbreiteten. Das nicht besonders spektakuläre Ergebnis dieser

Mons Jurassus, les montagnes boisées précisément.
D'Echaillon près de Grenoble, où il commence, à Regensberg dans le canton de Zurich, où il se termine, le Jura mesure environ 420 kilomètres de long mais uniquement sur sa face extérieure, convexe qui est entièrement située sur le territoire français. La face intérieure, concave, dont les deux tiers se trouvent en territoire suisse, est plus courte; elle n'a que 360 kilomètres de long environ. Un quart tout au plus de ce système montagneux en forme d'immense faucille, plissé en maints endroits, qui atteint sa plus grande largeur entre Orbe et Besançon, se trouve en Suisse mais ce n'est certainement pas pur chauvinisme si l'on affirme que ce quart est la plus belle et la plus séduisante partie du Jura.
Le charme particulier du côté suisse est dû au fait que les plissements rocheux ont laissé des traces plus marquantes et créé une plus grande diversité de paysages qu'en France où le massif s'aplatit assez rapidement pour rejoindre imperceptiblement la plaine de la Saône; la forte poussée, qui a soulevé le Jura voici des millions d'années, n'a pas suffi pour former une chaîne de montagnes impressionnantes du côté français.
Le Jura n'est d'ailleurs qu'un produit secondaire des plissements beaucoup plus importants qui ont formé les Alpes et qui, intervenus il y a environ 60 millions d'années, ne sont en fait pas encore terminés aujourd'hui. Dans une première phase, la poussée constante venue des Alpes a entraîné dans les couches calcaires déposées dans la Téthys de faibles plissements qui se sont étalés en forme d'un arc de cercle entre le Massif Central, géologiquement plus ancien, et les Vosges. Le résultat, pas particulièrement spectaculaire, de ce premier plissement avait déjà été effacé par l'érosion lorsqu'une deuxième poussée, cette fois-ci beaucoup plus forte, souleva une nouvelle chaîne de montagnes le long de la

land. The Celtic *jor* for forest was taken over by the Romans, and since the times of Pliny and Caesar at the latest, the range has borne the name Mons Jurassus, forested mountains.
Measured from Echaillon near Grenoble, where it begins, to Regensberg in Canton Zurich, where it ends, the Jura is about 240 miles long – although this distance is only arrived at if the outer, convex side of the range is measured, and this, the north-western, side lies entirely in France. On its inside curve, two thirds of which is on Swiss territory, the Jura is naturally shorter – measuring about 215 miles. Only about one quarter at the most of this great sickle-shaped rampart, folded by movements of the earth's crust in the Tertiary period, which attains its greatest breadth between Orbe and Besançon, lies within Switzerland – and yet it is certainly not mere chauvinism to maintain that this quarter is the best, the most attractive, part of this mountain range.
The Swiss side is particularly charming because here the folding action of the earth's crust produced very striking features and a greater variety of formations than in France, where the range soon loses height before merging imperceptibly with the plain of the Saône: the tremendous force that lifted the Jura millions of years ago proved insufficient to create an impressive formation on the north-western side as well.
The Jura was in fact only a side-product of the much greater convulsions that produced the Alps, which began about 60 million years ago and in principle have still not finished. In a first phase, the increasing pressure from the direction of the Alps caused a series of low folds in the limestone deposits in the Tethyan Ocean, forming a sickle-shaped range between the geologically much older Massif Central and the Vosges. The rather modest result of this first folding phase had been largely removed by erosion when a second,

ersten Faltung war durch Erosion bereits wieder abgetragen, als ein zweiter, diesmal recht kräftiger Schub dem Nordrand des Mittellandes entlang hohe Ketten aufwölbte. Da die Alpen nicht überall im selben Mass gegen Nordwesten drückten, kann man bis heute zwei Formen des Faltenjuras unterscheiden: Da ist einmal der Plateaujura mit nur leicht gewellter Oberfläche, am deutlichsten erkennbar in den Hochebenen der Freiberge, und da ist der Kettenjura mit seinen parallel zueinander verlaufenden Kämmen, die durch Längstäler voneinander getrennt und vielfach durch mächtige Geländeeinschnitte, die sogenannten Klusen, durchbrochen werden. Dieser Kettenjura erstreckt sich von Lyon bis hinauf in den Kanton Zürich.
Vom Falten- und damit vom Plateau- und vom Kettenjura zu unterscheiden ist der Tafeljura, in dem keine Faltungen mehr stattfanden. Die Kalkschichten wurden hier bloss mehr durch Brüche und horizontale Verschiebungen gestört, was dem Kanton Basel-Land und dem nördlichen Aargau eine Landschaft mit relativ ausgedehnten, tafelförmigen Hochflächen und steinwandigen Tälern bescherte.
Geologisch und topographisch betrachtet, ist der Jura denn auch meist mühelos zu begreifen und verstandesmässig zu überblicken. Anders sieht es aus, wenn man den Jura wirklich verstehen und näher kennenlernen will. Hier verliert man sich rasch einmal in der unzugänglichen Landschaft, im lichten Dunkel der Wälder und in der Tiefe der Täler, stösst an politische, sprachliche und konfessionelle Grenzen, hat es mit unterschiedlichen Mentalitäten und einer Vielzahl von in sich geschlossenen Wirtschaftsräumen zu tun.
Da, wo der Jura am breitesten ist, zwischen dem französischen Besançon und Orbe in der Waadt, misst man in der Luftlinie lächerliche 70 Kilometer. Das sind vierzig Minuten auf einer Autobahn oder knapp dreissig Minuten

bordure septentrionale du Plateau. Les Alpes n'ayant pas exercé une pression égale en direction du nord-ouest, on peut aujourd'hui encore distinguer deux formes dans le Jura plissé: il y a d'une part des plateaux à la surface faiblement ondulée, une forme reconnaissable surtout dans le haut plateau des Franches-Montagnes, et d'autre part des chaînes parallèles, sillonnées de vallées longitudinales qui communiquent entre elles par d'importantes coupures que l'on appelle des cluses. Ces chaînes s'étendent de Lyon jusqu'au canton de Zurich.
Outre le Jura plissé, il y a un Jura tabulaire où il n'y a pas eu de plissements. Les couches calcaires ont uniquemement été disloquées ici par des cassures et des déplacements horizontaux, ce qui a donné au canton de Bâle-Campagne et à l'Argovie septentrionale un paysage de plateaux de forme tabulaire assez étendus et de vallées aux versants rocheux.
Considéré sur le plan géologique et topographique, le Jura est donc une entité que l'on arrive à comprendre et à saisir assez facilement. Il en va différement lorsque l'on veut connaître sa nature plus intime. On se perd en effet très vite dans cette région par endroits inaccessible, dans ses sombres forêts éclaircies et ses vallées profondes, on se heurte de surcroît aux frontières politiques, linguistiques et religieuses, on rencontre des mentalités différentes et une multitude d'espaces économiques fermés.
Là où le Jura est le plus large, entre Besançon, en France, et Orbe dans le canton de Vaud, il n'y a que 70 kilomètres à vol d'oiseau. Cela fait quarante minutes sur une autoroute ou une demi-heure en train. Mais, dans le Jura, ce genre de règle n'a pas cours; on aborde ici une zone d'intemporalité particulière. La succession infinie de collines et de plateaux que l'on peut escalader à pied, en voiture ou en vélo, semble dilater le temps, relativiser les distances sur les cartes et fait paraître les fermes et les villages isolés tout proches bien qu'ils se

and this time much more powerful, thrust lifted a new line of mountains along the northern edge of what is now the Swiss Central Plateau. As the north-westerly pressure from the Alps was not even, the final result was two principal forms of Jurassic folds still distinguishable today: the one kind is the plateau Jura, which has only a gently rolling surface, most clearly seen in the high plateau of the Franches-Montagnes; the other kind consists of parallel mountain ranges separated by longitudinal valleys, and often broken through by great cross-valleys called *cluses*. These ranges extend all the way from Lyon into Canton Zurich.
Finally there is a kind of tableland Jura in which no further folding took place. Here the limestone strata were affected only by ruptures and horizontal shifts, and it was these movements that provided the Canton of Basle District and the northern part of Aargau with a countryside consisting of relatively extensive, table-like plateaux and valleys with rocky sides.
Thus the overall geological and topographical formation of the Jura is relatively easy to grasp. This is not the case, however, if one wants to gain a deeper understanding of the region, for then it is easy to get lost in what, on closer inspection, proves to be inaccessible countryside, in the translucent gloom of the woods and the depths of the valleys; and added to these physical obstacles are political, linguistic, and religious barriers, mentalities which vary considerably from one part of the region to another, and the many different, self-contained economic areas.
The broadest part of the Jura – between Besançon, in France, and Orbe in the Pays de Vaud – is a mere 42 miles as the crow flies: the equivalent of forty minutes on the motorway or thirty minutes by train. But such rules-of-thumb do not apply in the Jura, which has a strange atmosphere of timelessness all its own. The seemingly endless succession of

im Zug. Nur: im Jura taugen solche Faustregeln überhaupt nichts, hier begibt man sich unversehens in eine Zone eigentümlicher Zeitlosigkeit hinein. Die endlose Folge von Hügelzügen und Tälern, die Plateaux, die zu Fuss, mit dem Auto oder dem Fahrrad zu erklimmen sind, sie dehnen die Zeit, relativieren Kartendistanzen und lassen etwa Bauerngehöfte und einsame Dörfer in fatamorganeske Nähe rücken, obwohl sie doch in Wirklichkeit ein weiteres Tal und damit eine weitere Wegstunde vom Betrachter entfernt liegen.

Solange kein zwingender Grund dazu bestand, blieb der Jura weitgehend unbesiedelt. Kurz nach der letzten Eiszeit war der Jura freilich eine der wenigen Gegenden, in denen man sich aufhalten konnte, und aus der Zeit um etwa 10000 v. Chr. stammt denn auch der Schädel eines jungen Mannes, den man in einer Höhle des Neuenburger Juras fand. Doch sobald es die Verhältnisse erlaubten, zog man hinunter an die Ufer des Neuenburger und des Bieler Sees; Cortaillod und La Tène, zwei Seeufersiedlungen, die jeweils einer ganzen frühgeschichtlichen Periode den Namen gaben, haben mit dem Jura bereits nur mehr am Rande zu tun. Die Römer mieden den Jura, soweit sich das irgendwie machen liess, und als im Frühmittelalter Mönche und Einsiedler in den Jura zogen und die Klöster St-Ursanne, Vermes, Moutier-Grandval, St-Imier und Romainmôtier gründeten, suchten sie bewusst die Abgeschiedenheit entlegener Täler. Rodung und Landesausbau, andernorts bereits um 1200 abgeschlossen, liessen im Jura länger auf sich warten. Von zwei Seiten her wurde der Jura schliesslich doch noch erschlossen: Von Neuenburg aus machte sich eine lose Folge von Adelsgeschlechtern allmählich im angrenzenden Jura breit. 1707 fiel das Gebiet des späteren Kantons durch Erbfall an Preussen – und blieb bis 1857 zumindest nominell ein preussisches Fürstentum. Von Basler Seite her wurden dagegen die

trouvent en réalité au-delà d'une vallée et ainsi à une bonne heure de route de l'observateur. Le Jura a été inhabité pendant longtemps, jusqu'après la dernière période glaciaire où il fut l'une des rares régions hospitalières. C'est de cette époque vers l'an 10000 av. J.-C. que date le crâne d'un jeune homme que l'on a trouvé dans une grotte du Jura près de Neuchâtel. Mais dès que les conditions le permirent, les habitants descendirent vers les rives des lacs de Neuchâtel et de Bienne; Cortaillod et La Tène, deux stations lacustres, qui donnèrent chacune leur nom à toute une période préhistorique, n'ont qu'un rapport marginal avec le Jura. Les Romains évitèrent le Jura autant que possible et lorsqu'au haut moyen âge les moines et les ermites s'installèrent dans la région et fondèrent les monastères de Saint-Ursanne, Vermes, Moutier-Grandval, Saint-Imier et Romainmôtier, ils recherchèrent à dessein des vallées isolées. Les travaux de défrichage et de culture des terres qui, dans les autres régions, étaient terminés dès 1200, furent plus longs à venir dans le Jura. Finalement, le Jura fut colonisé de deux côtés: par une succession décousue de familles nobles de Neuchâtel qui s'installèrent peu à peu dans le Jura voisin. En 1707, le territoire qui allait devenir par la suite le canton de Neuchâtel échut par héritage à la Prusse et demeura une principauté prusse, du moins de nom, jusqu'en 1857. La région des Franches-Montagnes, par contre, fut colonisée à partir de Bâle et, grâce à des privilèges importants consentis par les princes évêques, les implantations devinrent permanentes à partir de 1480 environ. Les princes évêques de Bâle étendaient ainsi leur influence en direction de Neuchâtel. En 1815, toutefois, le Congrès de Vienne attribua toute la principauté au canton de Berne et les conséquences de cet acte arbitraire se font encore sentir aujourd'hui: les régions catholiques et francophones ont été hostiles, dès le début, à un rattachement à Berne et ont fini par obtenir,

ranges of hills and valleys, and the plateaux, which can be ascended on foot or on wheels, seem to distort time and map-distances, and, for example, with mirage-like effect, can transpose a lonely farmhouse or village into the foreground, when in reality a further valley intervenes, so that what at first seems like a few minute's walk can turn out to be a full hour's.

The Jura remained unsettled for a long time – until after the last Ice Age, when it was one of the few regions hospitable enough; it is from the period round about 10,000 BC that the skull of a young man dates which was found in a cave in the Jura near Neuchâtel. But as soon as conditions elsewhere improved, the inhabitants moved down to the shores of lakes Neuchâtel and Biel; the two lakeside settlements of Cortaillod and La Tène, each of which has given its name to a whole prehistoric period, have only a tenuous connection with the Jura. The Romans avoided the Jura as far as possible, and when monks and hermits moved into the region in the early Middle Ages, and founded the monasteries of St Ursanne, Vermes, Moutier-Grandval, St Imier, and Romainmôtier, they were consciously in search of solitude. The clearing of woodland and subsequent cultivation, which was already completed in other regions by 1200, was longer in coming to the Jura. Finally the Jura was settled from two sides: by a loose succession of aristocratic families from Neuchâtel who gradually expanded into the neighbouring region; this area, which was later to form Canton Neuchâtel, fell to Prussia in 1707 through inheritance, and remained a Prussian princedom, at least nominally, until 1857; the Franches Montagnes area was pioneered from Basle, and, thanks to encouragement by the prince bishops of Basle, was permanently settled from about 1480. This policy extended the influence of the prince bishops in the direction of Neuchâtel. In 1815, however, the Congress of Vienna

▲ **Helvetias Rast auf dem Brückenkopf**
Die Helvetia der Basler Künstlerin Bettina Eichin steht nicht mehr heroisch-hochgereckt mit Speer und Panzer da, wie man das erwarten möchte; müde, Wehr und Waffen und den Koffer auf den Boden gestellt, sitzt sie auf dem Kleinbasler Brückenkopf der Mittleren Brücke und blickt rheinabwärts. Es sagt einiges über den Witz und die weltstädtische Toleranz der Basler aus, dass eine kritisch-ironische Denkmalgestaltung hier nicht auf Widerstand stösst. Am Ufer gegenüber die Stadterweiterung Grossbasels im Gebiet einer sehr viel älteren Fischer- und Schiffersiedlung.

▲ **Le repos d'Helvetia**
L'Helvetia, œuvre de l'artiste bâloise Bettina Eichin, ne se tient pas, comme l'on pourrait s'y attendre, dans une pose héroïque; lasse, ses armes et son bagage posés à terre, elle est assise à un bout du pont du Milieu et contemple le fleuve en aval. Le fait que les Bâlois aient accepté cette statue dont se dégage une ironie critique en dit long sur l'humour et l'esprit de tolérance des Bâlois. Sur la rive opposée se trouve le Grand-Bâle qui s'est développé à l'emplacement d'un quartier de pêcheurs et de bateliers beaucoup plus ancien.

▲ **Helvetia's Rest**
Helvetia, a sculpture by Bettina Eichin from Basle, does not stand heroically upright with spear and shield, like Britannia, or Germania, as might be expected; instead, she sits there, tired, her weapons and her case on the ground, at the 'Kleinbasel' end of the Middle Bridge, gazing downstream. The fact that this ironically critical statue has been accepted says quite a bit for the sense of humour and the cosmopolitan tolerance of the people of Basle. On the opposite bank is the extended area of Greater Basle, which has taken the place of a far older fishing and shipping quarter.

RENOVATUM ET AMPLI
FICATUM ANNO DOMINI
MDCCCCI

Freiberge erschlossen und dank weitgehender Freibriefe ab etwa 1480 dauerhaft besiedelt. Das Fürstbistum Basel dehnte damit seinen Einfluss bewusst Richtung Neuenburg aus. 1815 fällt der gesamte Bischofsstaat indes an den Kanton Bern, und was auf diesen willkürlichen Akt des Wiener Kongresses folgt, scheint bis heute nicht abgeschlossen: Die katholisch und französischsprachig gebliebenen Gebiete des einstigen Fürstbistums widersetzten sich von Anfang an der Angliederung an Bern und erreichten schliesslich 1979, aufgrund eines Volksentscheids von 1977, die Loslösung von Bern und die Gründung eines eigenen Kantons Jura. Weiterhin reklamiert der neue Kanton jedoch auch die südlichen Bezirke des einstigen Fürstbistums, die der ehemals mächtige Stadtstaat Bern ab dem 14. und 15. Jahrhundert durch Burgrechtsverträge politisch, sprachlich und konfessionell auf seine Seite zu ziehen versuchte. Die Geschichte, scheint es, ist zumindest für den jungen Kanton Jura noch nicht zu Ende. Den Jura als Ganzes plagen indes noch andere Sorgen: Seit Jahren stagniert hier die Wirtschaft. Die Krise in der Uhrenindustrie ist zwar überwunden, aber die Abwanderung aus den Juratälern hält weiterhin an, und der Tourismus allein bietet den Einheimischen kein ausreichendes Auskommen. So kehrt denn die Stille, die die Mönche aus Luxeuil hier einst suchten, fast unmerklich wieder in den Jura zurück.

en 1979, à la suite d'un référendum organisé en 1977, leur détachement de Berne et par former leur propre canton, celui du Jura. Mais le nouveau canton continue de revendiquer les régions sud de l'ancienne principauté que la ville-Etat de Berne, jadis fort puissante, avait essayé d'annexer à partir des XIVe et XVe siècles. L'histoire, semble-t-il, n'est toujours pas close, du moins dans le Jura. Car le jeune canton a pour le moment d'autres sujets de préoccupation: depuis des années, l'économie stagne. La crise dans l'industrie horlogère est certes surmontée mais, dans les vallées du Jura, l'exode se poursuit et, à lui seul, le tourisme ne fournit pas de revenus suffisants à ceux qui restent. Aussi le calme que les moines de Luxeuil recherchaient autrefois ici revient-il presque imperceptiblement dans la région.

granted the whole of their princedom to Canton Bern, and the reverberations of this arbitrary act have still not died down: the Roman Catholic and French-speaking areas resisted incorporation in Bern right from the beginning, and at long last, in 1979, after a referendum had been held in 1977, succeeded in breaking away from Canton Bern and forming their own Canton Jura. But the new canton continues to claim the southern parts of the former princedom which the once powerful city-state of Bern endeavoured to get under its control from as early as the 14th and 15th centuries. It seems that in Jura, history is still on the move.
The Jura, however, is at present concerned about other things: the economy has been stagnating here for years. The crisis in the clock-making industry has been overcome, but emigration from the Jura valleys continues unabated, and tourism alone does not provide an adequate living for those that remain. Thus the tranquillity which the monks from Luxeuil once sought here is returning almost imperceptibly.

◀ **Bürgerliches Selbstbewusstsein auch im Detail**
Für den wichtigen Transithandelsort am Oberrhein spielte der Marktplatz stets eine herausragende Rolle, hier war auch der Ort, städtisches Selbstbewusstsein augenfällig werden zu lassen. Das Basler Rathaus gilt denn auch seit vier Jahrhunderten als Symbol städtischer Souveränität und zünftisch-bürgerlichen Bewusstseins. Der Mittelbau und der dazugehörige Ratssaal stammen aus der Zeit von 1504–1513; damals wurde dem Bau auch das reichgeschmückte Uhrgehäuse mit den Statuen der Patrone Heinrich und Kunigunde sowie der Muttergottes vorgehängt.

◀ **La fierté des citoyens**
La place du Marché a toujours joué un rôle prééminent pour cet important centre de transit commercial sur le haut Rhin et il a également été l'endroit où pouvait s'exprimer la fierté des citoyens. Aussi, depuis quatre cents ans, l'hôtel de ville symbolise-t-il la souveraineté et la confiance en soi de la ville. La partie centrale de l'édifice et la salle du Conseil datent de 1504–1513; l'horloge très ornementée avec les statues des saints patrons Henri et Cunégonde et de la Vierge datent de la même époque.

◀ **Municipal self-assurance**
The Market Square has always played an outstanding role in the life of this important centre of transit trade, and was the appropriate place for the expression of municipal pride and self-assurance – and for four centuries now, Basle City Hall has symbolized municipal sovereignty and the self-assurance of the city's citizens. The central tract and the Council Chamber were constructed in 1504–1513; the richly ornamented clock housing, with the statues of the town's patron saints Heinrich and Kunigunde and of the Madonna, dates from the same period.

◀▶ Waggis und Cliquen – Elemente der Basler Fasnacht
Jedes Jahr lockt die Basler Fasnacht Tausende von Besuchern und Schlachtenbummlern an – sehr zum Leidwesen der Basler selbst, die an diesen Tagen eigentlich lieber unter sich bleiben möchten. Immerhin, an den Grundformen der Fasnacht hat deren Beliebtheit nichts ändern können; noch immer beherrscht die Figur des Waggis das Bild, eine Verulkung der derb-bäurischen, nachbarlichen Elsässer, und die Cliquen ziehen mit Trommeln und Pfeifen in einheitlicher Maske – damit ist das ganze Kostüm gemeint – mit jeweils einem Sujet, einem Thema, durch die Gassen und Strassen der Stadt.
▶▶ Blick von der Belchenfluh im Kanton Basel-Land
Unten braust vierspurig der Autoverkehr Basel–Mailand durch den Belchentunnel, darüber liegen, noch weitgehend unberührt, die sanfte, hügelige Landschaft und die typischen Einzelhöfe des Basler Juras.

◀▶ Waggis et cliques – éléments du carnaval de Bâle
Chaque année, la «Fasnacht», le carnaval de Bâle attire des milliers de visiteurs et de touristes – au grand regret des Bâlois qui, ces jours-là, préféreraient rester entre eux. Mais la popularité de cet événement n'a rien changé à son ordonnancement. La scène est toujours dominée par la figure du Waggis, une caricature des voisins alsaciens bourrus et les cliques costumées selon un thème particulier continuent de défiler à travers la ville avec leurs fifres et leurs tambourins.
▶▶ Vue du Belchenfluh sur le canton de Bâle-Campagne
Dans le bas, les voitures filent sur la route à quatre voies Bâle-Milan à travers le tunnel du Belchen tandis qu'en haut un paysage de douces collines et de fermes disséminées, typique du Jura bâlois, est encore en grande partie intact.

◀▶ Waggis and Cliques – features of the Basle Carnival
Every year the Basle carnival attracts thousands of visitors and trippers – much to the regret of the townspeople themselves, who would prefer to celebrate on their own. But still, its popularity has not brought about any basic changes in the annual rituals. The scene is still dominated by the figure of Waggis, a take-off of the bucolic neighbours in Alsace, and the 'cliques' still march through the town with drums and fifes, dressed in uniform costumes based on a particular subject.
▶▶ View from Belchenfluh Hill in Canton Basle District
Below, the motorway traffic roars through the Belchen Tunnel, while above, still largely unspoilt, lies the gentle, rolling countryside with the scattered farmhouses typical of the Basle Jura.

▼▶ Am verschlungenen Flusslauf des Doubs
Zu den seltsamsten Flüssen des Juras zählt der Doubs. In Frankreich, wo er entspringt, wendet er sich zunächst nach Osten, erreicht bei Les Brenets, wo er sich zu einem See ausweitet (im Bild), die Schweiz und bildet dann ein stückweit die Grenze. Durch die Schlucht des Clos du Doubs zieht der Fluss weiter und kehrt dann in einem engen Bogen zurück nach Frankreich. In der einst unwegsamen Flussbiegung gründete der irische Mönch Ursicinus eine Einsiedelei, aus der sich im 12. Jahrhundert Kloster und Städtchen St-Ursanne entwickelten (unten).

▲▶ Sur le cours sinueux du Doubs
Le Doubs est l'une des rivières les plus curieuses du Jura. Elle prend sa source en France, s'oriente vers l'Est et arrive en Suisse près des Brenets où elle s'élargit dans un lac (notre photo) et trace ensuite la frontière suisse. En traversant la gorge du Clos du Doubs, elle revient par un méandre étroit en France. C'est dans une boucle de la rivière, que le moine irlandais Ursanne a fondé un ermitage qui est à l'origine du monastère et de la petite ville de St.-Ursanne qui se sont développés au XIIe siècle (en haut).

▲▶ Along the sinuous course of the Doubs
The Doubs is surely one of the strangest rivers in the whole of the Jura. In France, where the river rises, it first turns eastwards, arriving in Switzerland near Les Brenets, where it widens into a lake (our picture), and for a time forms the border. It pursues its way through the gorge called Clos du Doubs, turns smartly, and flows back into France. In a bend in the river, in what was at that time a wilderness, the Irish monk Ursicinus founded a hermitage out of which, in the 12th century, the monastery and town of St Ursanne developed (above).

◀ **In der Pass- und Klusenlandschaft des Kettenjuras**
Die langgezogenen Juraketten bildeten lange Zeit ein natürliches, wenn auch nicht unüberwindbares Hindernis zwischen Frankreich und der oberrheinischen Tiefebene auf der einen, dem Schweizer Mittelland und Italien auf der anderen Seite. Geländeeinsenkungen, Pässe und Klusen erlaubten jedenfalls bereits zur Römerzeit und teilweise schon früher einen intensiven Warenverkehr, so über den Hauenstein oder über den Passwang.

▶ **Balsthal und Romainmôtier**
Den Zugang zum Passwang und zu weiteren Juratälern sicherten sich die Herren von Bechburg um 1260 durch den Bau einer ausgedehnten, auch heute zum Teil noch benutzbaren Burg, die in strategisch günstiger Lage in Oensingen den Eingang zur Klus von Balsthal kontrolliert. Die älteste und zugleich bedeutendste romanische Klosterkirche der Schweiz geht auf eine Klostergründung des heiligen Romanus zurück, der um 450 bewusst die Abgeschiedenheit des Jura suchte. Die heutige Kirche wurde vor 1030 in enger Anlehnung an Cluny II erbaut, darum herum gruppieren sich Klostergebäude, Wehrbauten und Stallungen. Klosterkirche, Nebengebäude und spätere Bauten aus dem 17. und 18. Jahrhundert ergeben ein Siedlungsbild von einmaliger Geschlossenheit.

◀ **Dans le Jura**
Les longues chaînes parallèles qui forment le Jura ont été pendant longtemps un obstacle naturel, si ce n'est insurmontable, entre la France et le plateau du haut Rhin d'une part et le Plateau suisse et l'Italie d'autre part. Mais des dépressions de terrain, des cols et des cluses ont cependant permis, dès l'époque romaine et parfois même plus tôt, un commerce intensif, ainsi par exemple par le Hauenstein et le Passwang.

▶ **Balsthal et Romainmôtier**
Vers 1260, les seigneurs de Bechburg s'assurèrent l'accès au col du Passwang et aux autres vallées du Jura en construisant un imposant château, en partie encore utilisé aujourd'hui, à un endroit stratégique à Oensingen à l'entrée de la cluse de Balsthal. La plus ancienne et la plus importante abbatiale romane de Suisse remonte à la fondation d'un monastère par saint Romain qui, en 450, se retira dans la solitude du Jura. L'église actuelle a été construite avant 1030; son architecture a été étroitement inspirée de Cluny II. Autour d'elle sont groupés les bâtiments conventuels, les fortifications, les écuries et les étables. L'abbatiale, les différents bâtiments et les constructions ultérieures des XVIIe et XVIIIe siècles forment un ensemble unique par son homogénéité.

◀ **In the Jura mountains**
The chains of mountains that form the Jura were for a long time a natural, if not insurmountable, obstacle between France and the Upper Rhine Basin on the one hand, and the Swiss Central Plateau and Italy on the other. But lower stretches, passes, and cross-valleys permitted intensive trade as early as Roman times, and on some routes even earlier.

▶ **Balsthal and Romainmôtier**
In about 1260, the von Bechburg family gained control of the access to the Passwang pass and to other Jura valleys by building an extensive castle, still partly in use today, in a strategic position in Oensingen at the entrance to the Balsthal valley.
The oldest and most important Romanesque monastery church in Switzerland dates back to a monastic foundation by St Romanus, who retreated to the wilderness of the Jura in 450. The present church was built before 1030, its design inspired largely by Cluny II; around it are grouped the various monastic buildings, fortifications, and stables, and other later buildings from the 17th and 18th century, all of which together form a uniquely homogeneous architectural ensemble.

◀ La Chaux-de-Fonds im Neuenburger Jura
Ende des 18. Jahrhunderts zerstörte ein Feuer den Ort, der damals kaum mehr als ein Dorf war, fast vollständig. Da die Uhrenindustrie im Jura jedoch gerade Fuss gefasst hat – in La Chaux-de-Fonds zählt man um 1794 rund 4000 Uhrmacher –, und man sich eine glänzende Zukunft verspricht, wird die Stadt nach einheitlichem Plan wiederaufgebaut. Grundlage des Plans ist ein Netz von rechtwinklig angeordneten Strassen mit Häuserblöcken von immer denselben Dimensionen. Dieser konsequent angewendete *master plan* des Ingenieurs Charles-Henri Junod prägt noch heute das Aussehen der Stadt, die übrigens auch die höchstgelegene Stadt Europas ist und im Winter nicht selten in zwei Meter hohen Schneemassen versinkt.

◀ La Chaux-de-Fonds dans le Jura suisse
Vers la fin du XVIIIe siècle, un incendie détruisit une grande partie de l'agglomération qui, à l'époque, n'était guère plus qu'un village. Mais comme l'industrie horlogère venait juste de s'implanter dans le Jura – en 1794, l'année de l'incendie, il y avait quelque 4000 horlogers à la La Chaux-de-Fonds – et que son avenir paraissait brillant, la ville fut reconstruite dans un style homogène avec des pâtés de maisons de dimensions identiques. Ce *master plan* de l'ingénieur Charles-Henri Junod caractérise encore l'aspect actuel de la ville qui est, par ailleurs, la plus haute ville d'Europe et qui, en hiver, disparaît souvent sous deux mètres de neige.

◀ La Chaux-de-Fonds in the Neuchâtel Jura Mountains
At the end of the 18th century, a fire almost completely destroyed La Chaux-de-Fonds, which at that time was little more than a village. But as the watch and clock making industry had recently been established in the Jura region – in 1794, the year of the fire, La Chaux-de-Fonds could boast about 4,000 watch and clock makers –, and the future looked rosy, the town was rebuilt on a grid plan with blocks of houses all of the same dimensions. This master plan, designed by the engineer Charles-Henri Junod, still governs the appearance of the town – which, by the way, is also the highest town in Europe, and in winter often half disappears under six feet of snow.

Mittelland

Regionale Vielfalt in gleichbleibender Landschaft

Man kann das schweizerische Mittelland natürlich auch so sehen wie Jérôme von Castelmur-Bondo im letzten Roman Hermann Burgers, wo der Schlossherr vom Turmzimmer seines Sommersitzes Brunsleben auf dem Chaistenberg aus beim vorabendlichen Tabakskollegium offenbar kurz auf die Landschaft zu seinen Füssen hinunterblickt und seinen Gast daraufhin beiläufig »auf die Ähnlichkeit der mittelländischen Landschaft des Aargaus mit der normannischen bei Proust aufmerksam« macht. Ob man nun die Stelle bei Proust partout suchen und nachlesen will, ist eines; etwas anderes ist, ob man dadurch dem aargauischen Mittelland und dem Mittelland insgesamt plötzlich einen literarischen Reiz abgewänne, den es bislang vermissen liess. Mit dem Jura teilt das Mittelland nämlich das Schicksal, bis heute weder von Schriftstellern noch von Dichtern explizit besungen und verklärt worden zu sein. Was Albrecht von Haller für die Alpen, Maurice Chappaz für das Wallis, Giovanni Orelli für das Tessin und Charles-Ferdinand Ramuz für den Genfer See besorgten, hat für das Mittelland noch niemand so richtig versucht.
Das hängt sicher damit zusammen, dass das Mittelland zwar eine geographische Grösse, aber keine kulturell, sprachlich und wirtschaftlich zusammenhängende und in sich geschlossene Einheit darstellt. Der Schweizer Dichter ist, so will es die Regel, ohnehin auf kleine Räume und auf die engere Heimat fixiert; was soll da einem Aargauer zum Thurgau, einem Thurgauer zum Freiburgerland einfallen – geschweige denn zu einem Gebiet,

◀ **Fribourg und Blick in die Westschweizer Alpen**
1157 gründete Berchtold IV. von Zähringen Freiburg als Zollstätte und Kristallisationspunkt einer Territorialherrschaft. Von da an behauptet sich die Stadt gegen das 1191 gegründete Bern und gegen Savoyen im Süden. In der Reformation bleibt man katholisch und bildet damit eine konfessionelle Insel, was der wirtschaftlichen Entwicklung des Kantons lange Zeit hinderlich war. Der Zweisprachigkeit verdankt Fribourg andererseits auch seine Vermittlerfunktion zwischen den Landesteilen.

Le Plateau

Une diversité régionale dans un paysage immuable

On peut bien entendu voir le Plateau suisse comme Jérôme von Castelmur-Bondo dans le dernier roman de Hermann Burger où le châtelain, en train de fumer le soir avec un ami dans la chambre de la tour de sa résidence d'été de Brunsleben sur le Chaistenberg, jette un coup d'oeil sur le paysage à ses pieds et attire en passant l'attention de son hôte sur «la ressemblance entre le paysage du Plateau dans le canton d'Argovie et celui de la Normandie décrit par Proust». Que l'on veuille à tout prix retrouver et lire le passage en question de l'oeuvre de Proust est une chose et qu'après cela on reconnaisse soudain à l'Argovie et au Plateau en général un charme littéraire dont celui-ci a toujours été privé en est une autre. Car, à l'égal du Jura, le Plateau n'a jamais été célébré ou idéalisé par les écrivains ou les poètes. Ce qui a été fait pour les Alpes par Albrecht von Haller, pour le Valais par Maurice Chappaz, pour le Tessin par Giovanni Orelli et pour le lac Léman par Charles-Ferdinand Ramuz n'a encore jamais été tenté par personne pour le Plateau. Cela tient certainement au fait que le Plateau a certes une dimension géographique mais ne représente pas une entité culturelle, linguistique et économique cohérente et homogène. Du reste, les écrivains suisses sont, en règle générale, fixés sur de petites régions et leur patrie au sens le plus étroit du terme; aussi que pourrait bien dire un Argovien sur la Thurgovie, un Thurgovien sur le canton de Fribourg – et à plus forte raison d'une région qui s'étend du lac de Constance au lac Léman, du pied sud du Jura à la bordure des Alpes?

◀ **Fribourg et vue sur les Alpes de la Suisse occidentale**
En 1157, Berthold IV de Zähringen fonda Fribourg comme poste de péage et pour asseoir son autorité territoriale. A partir de cette date, la ville réussit à s'affirmer contre Berne et la Savoie. A l'époque de la Réformation, elle demeura catholique formant ainsi un îlot confessionnel, ce qui constitua pendant longtemps un obstacle au développement économique. Son bilinguisme lui a valu par ailleurs de jouer un rôle de médiateur entre les différentes régions avoisinantes.

The Central Plateau

Regional variety in a homogeneous countryside

One way of looking at the Swiss Central Plateau is to follow the example of Jérôme von Castelmur-Bondo in Hermann Burger's last novel, when, looking down from the tower room of his summer residence Brunsleben on Mt Chaistenberg during his early evening smoke with a friend, he evidently glances at the landscape below and casually refers to "the similarity of the Central Plateau in Canton Aargau to the landscape of Normandy as described by Proust". Whether one is willing to search for and read the Proust passage in question is one thing; and, whether, having taken that trouble, one would discover a literary charm about the Aargau, or the Central Plateau in general, which has hitherto totally escaped one, is another. Because the Central Plateau, like the Jura, has so far been neither celebrated nor idealized by writers or poets. For what has been done for the Alps by Albrecht von Haller, for Valais by Maurice Chappaz, for Ticino by Giovanni Orelli, and for Lake Geneva by Charles-Ferdinand Ramuz has so far not been attempted by anyone for the Central Plateau.
This is surely partly due to the fact that the Central Plateau, although certainly a geographical quantity, does not represent a cultural, linguistic, and economically coherent, self-contained entity. Swiss writers are in any case generally fixated on small areas and the more immediate homeland; what, then, can an Aargau man say about the Thurgau, or a Thurgau man about the Fribourg district – not to speak of a region which includes all three areas, and more, and extends all the way from

◀ **Fribourg and view of the West Swiss Alps**
In 1157, Berchtold IV of Zähringen founded Fribourg as a toll station and as a stronghold for the surrounding territory. From that point on the town succeeded in asserting itself against Bern and Savoy. It resisted the Reformation, thus forming a Catholic island in a Protestant sea, a situation which long proved an obstacle in the way of Fribourg's economic development. On the other hand, Fribourg's bi-lingual tradition has enabled it to play a mediatory role between the various surrounding regions.

das vom Bodensee bis an den Genfer See reicht, vom Jurasüdfuss bis an den Alpenrand?
Für den Geographen ist das tatsächlich die Fläche, die er vor Augen hat, wenn er vom Mittelland spricht, ein Gebiet, das rund ein Viertel des schweizerischen Staatsgebiets einnimmt und die Lücke ausfüllt, die Alpen und Jura nach erfolgter Faltung zur bevorzugten Besiedlung, zur landwirtschaftlichen Nutzung und zur Anlage grossflächiger Industriebetriebe, Lagerhallen und Verteilerzentren zurückliessen. Freilich handelt es sich bei diesem Mittelland nicht um eine topfebene Fläche, um ein ausgetrocknetes Molassemeer, vergleichbar den Salzseen in Utah. Im Verlauf von 30 Millionen Jahren verlandete und verwässerte das Molassebecken zwischen Alpen und Jura mehrmals, Schutt und Geröll, die von der Ur-Aare, der Ur-Reuss und allen anderen Ur-Flüssen abgelagert wurden, lieferten den Stoff, aus dem Nagelfluh und Sandstein entstanden. Eine kräftige Hebung des gesamten Mittellandes gegen Ende der Molassezeit vor 5 Millionen Jahren gab auch den Voralpen Auftrieb, den Nagelfluhkörpern im Tössberg- und im Napfgebiet zum Beispiel und der Rigi etwa, etwas nördlicher davon auch den Sandsteinformationen.
Unter Geographen noch immer strittig ist die Frage, wo genau das Mittelland aufhört und die Voralpen beginnen und wo diese wiederum in die Alpen übergehen. Dabei zeigt sich zugleich, dass Geologie nicht einfach eine exakte Wissenschaft ist, sondern auch eine poetisch-beschreibende sein kann. Der Berner Bernhard Studer etwa formulierte den Unterschied zwischen Voralpen und Alpen vor 150 Jahren folgendermassen: »Die niederen Bergreihen, die sich in immer sanfteren Wellen allmählich ins hüglige Land verflächen, zeigen gerundete, weiche Formen, nur selten wird das schöne Grün durch nackte Felsen unterbrochen … Die Bergketten hinter diesem grünen Vorgrund tragen einen ganz

C'est cette région que le géographe a présente à l'esprit lorsqu'il parle du Plateau; cette étendue, qui occupe environ un quart du territoire suisse, a comblé le vide laissé par les Alpes et le Jura après leur formation et est devenue une région de prédilection pour l'implantation de communautés humaines, l'agriculture, les grands complexes industriels, les entrepôts et les centres de distribution. Bien entendu, ce Plateau n'est nullement plat et il ne ressemble absolument pas à un lac de molasse asséché pareil aux lacs salés de l'Utah. Au cours de 30 millions d'années, le bassin de molasse entre les Alpes et le Jura a été asséché et inondé à plusieurs reprises; à l'époque préhistorique, des éboulis ont été successivement déposés par l'Aar, la Reuss et d'autres fleuves, fournissant ainsi la matière qui a donné naissance au nagelfluh et au grès. Un puissant soulèvement de tout le Plateau vers la fin de l'âge de la molasse, il y a 5 millions d'années, a également touché les Préalpes comme l'attestent les formations de nagelfluh dans les régions du Tössberg et du Napf, le Rigi également et les formations de grès plus au nord.
La question de savoir où se termine exactement le Plateau, où commencent les Préalpes et où celles-ci cèdent la place aux Alpes reste encore un point ligitieux entre les géographes. Ce qui montre en même temps que la géologie n'est pas une science exacte mais peut être également poétique et descriptive. Ainsi, il y a 150 ans, le Bernois Bernhard Studer formulait ainsi la différence existant entre les Préalpes et les Alpes: «Les chaînes de montagnes inférieures qui, en ondulations de plus en plus douces, se fondent progressivement dans un paysage de collines, présentent des formes arrondies, délicates et leur belle couleur verte n'est que rarement interrompue par des roches dénudées ... Les chaînes de montagnes derrière ce premier plan de verdure ont un tout autre caractère.» Les conclusions, en 1968, d'un groupe de travail de l'Université technique de Zurich qui énumèrent le relief,

Lake Constance to Lake Geneva, from the southern foot of the Jura to the edge of the Alps?
The geographer really does have this large region in mind when he speaks of the Central Plateau: it represents about a quarter of the entire Swiss territory, and occupies the gap left by the Alps and the Jura after they had been formed, providing the most suitable area for settlement, for agriculture, and for large-scale industrial sites, warehousing, and distribution centres. Of course, this Central Plateau is also by no means flat, no longer bears any resemblance to a dried-out molasse lake (molasse being a soft greenish sandstone eroded from the Alps) comparable to the salt lakes in Utah. In the course of 30 million years, the molasse basin between the Alps and the Jura dried out and was inundated a number of times; debris and scree were successively deposited in prehistoric times by the rivers Aare, Reuss, and others, providing the material from which gompholite and sandstone evolved. A powerful lifting movement throughout the whole of the Central Plateau region towards the end of the molasse period 5 million years ago also affected the Pre-Alps – the gompholite formations in the Tössberg and Napf areas provide examples of this, as do the Rigi and the sandstone formations somewhat further to the north.
Geographers are still not of one mind as to where exactly the Central Plateau ends and the Pre-Alps begin, and where the latter give way to the Alps. Geology is not simply an exact science – it can also be a poetically descriptive one, as the following illustrates. 150 years ago, Bernhard Studer from Bern explained the difference between the Pre-Alps and the Alps as follows: "The lower ranges of mountains, which, in ever-softer waves, gradually merge into hilly countryside, display gentle, rounded forms, with their beautiful green only occasionally interrupted by naked rock...The mountain ranges behind this green

anderen Charakter.« Kaum wesentlich präziser klingt da der Befund einer Arbeitsgruppe der Eidgenössischen Technischen Hochschule Zürich von 1968, die als Kriterien der Grenzziehung zwischen Mittelland und Voralpen hauptsächlich Relief, Klima, Bewaldung und Siedlung aufführt. Für den Laien sind die Übergänge nochmals um einiges fliessender, und daran sind sicher nicht zuletzt die Eiszeiten schuld. In mehreren Vorstössen schabten die Gletscher nicht nur die voreiszeitlichen Geländeformen zurecht, sie hinterließen auch eine Vielzahl sanft gerundeter Moränenzüge und -hügel, flache Täler, in denen sich Moore und Seen bilden konnten, und ein System von Bächen und Flüssen, die die Landschaft weiter modellierten, abflachten und ein gewelltes Hügelland schufen.
Nun gibt es neben dem Mittelland der Geographen sicher noch so etwas wie ein Mittelland des persönlichen Empfindens. Wenn man davon ausgeht, dass die Ostschweiz etwas anderes und die Gegend nördlich von und rund um Zürich ein Fall für sich sind, dann beginnt das schweizerische Mittelland erst eigentlich mit dem Reusstal. Man braucht, um das nachvollziehen zu können, von Zürich lediglich auf den Üetliberg oder den Albis zu steigen und westwärts zu blicken und weiss, was gemeint ist: Ruhig und gemächlich gleitet die Reuss durch die Ebene dahin, über die Hügel hinweg blickt man weit in die Landschaft hinaus, zwischen Wiesen, Wäldern und weiten Ackerfluren bilden die Siedlungen und Gehöfte nur mehr Punkte, und man hat das Gefühl, von hier aus könnte man mühelos und schnurstracks zu Fuss bis in die Westschweiz marschieren.
Die Regel ist heute freilich eher, dass man auf der Autobahn oder mit dem Zug quer durch das Mittelland fährt, und da ist es mit der Idylle streckenweise nicht mehr weit her. Neben dem ländlichen und noch weitgehend landwirtschaftlich geprägten Mittelland, wie es sich etwa in den Kantonen Luzern und

le climat, le boisement et les zones de peuplement comme critères de distinction entre le Plateau et les Préalpes, ne sont guère plus précises.
Pour le profane, les transitions sont encore plus vagues grâce certainement, en partie, aux périodes glaciaires. En plusieurs poussées, les glaciers n'ont pas seulement modifié la forme des terrains de l'époque pré-glaciaire, ils ont également laissé un grand nombre de différents types de moraines et de collines aux doux arrondis, de vallées à fond plat où ont pu se former des marais et des lacs, et un système de ruisseaux et de rivières qui ont continué à modeler le paysage, à l'aplatir et à créer cette région de collines que l'on peut peut-être comparer à la Normandie décrite par Proust.
Outre le Plateau des géographes, il y a sans doute aussi une sorte de Plateau de la perception individuelle. Si l'on estime que la Suisse de l'Est est une chose à part et la région au nord et autour de Zurich un cas particulier, alors le Plateau suisse commence en fait avec la vallée de la Reuss. Il suffit pour s'en rendre compte de monter sur l'Üetliberg ou l'Albis près de Zurich et de regarder en direction de l'ouest: la Reuss coule paisiblement et nonchalamment à travers la plaine; au-delà des collines, la vue s'étend au loin sur le paysage, entre les prés, les forêts et les vastes champs, les agglomérations et les fermes ne sont plus que des points et l'on a l'impression que l'on pourrait marcher sans peine pratiquement en ligne droite jusqu'à la Suisse occidentale.
Aujourd'hui, évidemment, il est plutôt de règle d'emprunter l'autoroute ou de prendre le train pour traverser le Plateau et, en bien des endroits, ce parcours n'a plus grand-chose d'idyllique. A côté du Plateau rural et encore très agricole que l'on rencontre par exemple dans les cantons de Lucerne et d'Argovie, puis dans les cantons de Fribourg et de Vaud, il y a le Plateau de la Suisse industrielle et commer-

foreground are quite different in character." The results produced by a study group of the Technical University in Zurich in 1968, which list relief, climate, forestation, and settlement areas as criteria for distinguishing between the Central Plateau and the Pre-Alps, are scarcely more precise.
For the layman the transitions are even less well defined, thanks, in part at least, to the Ice Ages. In several advances, the glaciers did not only modify the shape of the pre-Ice Age formations, but also left behind them a great number of softly rounded moraines of various types, flat valleys in which marshes and lakes could form, and a system of streams and rivers which further modelled the landscape, flattening it, and creating the rolling country which can – perhaps – be compared with the Normandy described by Proust.
Of course, in addition to the geographer's Central Plateau, there is also the Central Plateau as perceived by each individual. If one accepts that eastern Switzerland is a thing apart, and that the region to the north of and around Zurich is a special case, then the Swiss Central Plateau really starts with the Reuss Valley. In order to see the truth of this it is only necessary to climb the Üetliberg or Mt Albis near Zurich and to look westwards: the Reuss can be seen flowing gently through the plain, and over the hills there is a view far out across the countryside where, between meadows, woodland, and extensive stretches of arable land, the settlements and farmhouses appear as mere dots, and one has the feeling that from here one could easily walk in a straight line right across into western Switzerland.
Today, however, it is more usual to drive on the motorway or to take the train across the Central Plateau, and then for whole stretches there is little that could be called idyllic. In addition to the rural and still largely agricultural Central Plateau, as exemplified in the Cantons of Lucerne and Aargau, and then

Aargau und dann wieder im Freiburgischen und in der Waadt darbietet, gibt es das Mittelland schweizerischen Industrie- und Gewerbefleisses, intensiver Besiedlung und zunehmender Zersiedlung, das Mittelland endloser Bautätigkeit, anschwellender Verkehrsströme und emsiger Geschäftigkeit. Allerdings sind auch da die Aktivitäten nicht gleichmässig verteilt; die rund zwei Drittel der Bevölkerung, die sich im Mittelland auf 30 Prozent der Landesfläche zusammendrängen, profitieren nicht alle im selben Mass vom hier erzeugten Wohlstand. Zürich muss sich da von den Mit-Eidgenossen den Vorwurf gefallen lassen, als »Wasserkopf der Schweiz« auch die lukrativsten Wirtschaftszweige an sich gerissen zu haben, und tatsächlich ist das Einkommensgefälle von Ost nach West nicht unerheblich. Kleinen, kaum sichtbaren Rissen in der Wirtschaftskarte vergleichbar, verlaufen so quer durch das Mittelland eigentümliche, freilich nicht nur ökonomisch zu begründende Grenzen. Das einst mächtige, in seinem Innersten noch immer patrizische Bern, der zwischen Bern und der Waadt tapfer katholisch gebliebene Kanton Freiburg und die bäuerlich-behäbige Waadt sind ganz einfach von anderer Art als der umtriebige Aargau oder der in den letzten Jahren agiler gewordene Kanton Solothurn.

Dreissig Millionen Jahre Molassezeit und einige weitere Jahrmillionen Eiszeit vermochten zwar ein einigermassen einheitliches Mittelland herzurichten. Doch in nur 2000 Jahren Geschichte ist darin eine Kulturlandschaft von erstaunlicher Vielfalt entstanden.

ciale, avec une population dense et une urbanisation croissante, le Plateau où l'on construit sans cesse, où la circulation est en augmentation et les affaires intenses. Toutefois, ici également, les activités ne sont pas réparties uniformément; les deux tiers environ de la population entière, qui sont concentrés sur 30 pour cent de la superficie du Plateau, ne bénéficient pas tous de la même manière de la prospérité créée ici. Zurich doit subir les critiques des autres Confédérés qui lui reprochent d'avoir attiré les secteurs économiques les plus lucratifs et il est vrai que l'écart des revenus entre l'Est et l'Ouest n'est pas négligeable. Telles des déchirures à peine visibles sur la carte économique, de curieuses frontières, qui n'ont évidemment pas toutes une origine économique, traversent le Plateau. La ville de Berne, jadis si puissante et toujours profondément patricienne, le canton de Fribourg qui, entre Berne et le canton de Vaud, est resté courageusement catholique et le canton plutôt agricole de Vaud sont tout simplement d'une autre nature que l'Argovie affairée ou le canton de Soleure de plus en plus actif ces dernières années.

Trente millions d'années de l'âge de la molasse et encore des millions d'années de la période glaciaire ont certes réussi à créer un Plateau relativement homogène. Mais 2000 années d'histoire seulement lui ont donné un paysage d'une extraordinaire variété.

again in the Fribourg district and Vaud, there is the Central Plateau of Swiss industry and trade, dense population and, in parts, undesirable urbanization, the Central Plateau of endless building activity, increasing traffic, and bustling business. Even here, however, the activities are not uniformly distributed; of the roughly two-thirds of Switzerland's population which is concentrated on 30 per cent of the Central Plateau's total area, not all profit to the same degree from the prosperity created there. Zurich is criticized by the rest of the people for monopolizing all the most lucrative economic sectors, and, indeed, there is a not inconsiderable drop in income as one proceeds from east to west. Like scarcely visible tears in the economic map, strange boundaries, not all of them of a purely economic nature, run right across the Central Plateau. The once mighty and still fundamentally patrician Bern, Canton Fribourg, between Bern and Vaud, which has staunchly preserved its Roman Catholicism, and the rather bucolic Vaud itself, are quite simply of a different metal to bustling Aargau, or to Canton Solothurn, which has become much more enterprising in recent years.

Thirty million years of the Molasse Age, and a few more million years of Ice Age succeeded in creating a relatively homogeneous Central Plateau. But in a mere 2,000 years of history man has imposed on it a landscape of remarkable and commendable variety.

▸ **Luzern vom Gütsch**
Die beste Übersicht über die Stadt Luzern geniesst man von der Terrasse des Hotels Gütsch, einem Bau im Stil der Zuckerbäckergotik der Jahrhundertwende. Links die um 1400 entstandene Museggmauer, eine der wenigen guterhaltenen Stadtmauern in der Schweiz. In der Bildmitte in der Reuss die älteste Holzbrücke Europas, die Kapellbrücke mit dem Wasserturm von 1300. Rechts am Reussufer die Jesuitenkirche von 1666–1667 mit den Zwiebelturmhauben, im Hintergrund die verschneite Kuppe der Rigi.

▸ **Lucerne vue du Gütsch**
C'est de la terrasse de l'hôtel du Gütsch – un immeuble de style néo-gothique du tournant du siècle – que l'on jouit du plus beau panorama sur Lucerne. A gauche: le mur de la Musegg, construit vers 1400, une des rares enceintes bien conservées en Suisse. Au centre: le pont de la Chapelle sur la Reuss avec la tour de l'Eau qui, construit en 1300, constitue le plus ancien pont en bois d'Europe. A droite: l'église des Jésuites, construite de 1666 à 1667, avec ses tours bulbeuses, au fond le sommet couvert de neige du Rigi.

▸ **Lucerne from the Gütsch terrace**
The best view of the city of Lucerne is from the terrace of the Gütsch Hotel – a building in the neo-Gothic style of the turn of the century. To the left is the Musegg Wall, built in 1400. In the centre of the picture is the old covered bridge called the Kapellbrücke, flanked by a tower called the Wasserturm (both built in 1300); it is Europe's oldest wooden bridge. To the right is the Jesuit Church of 1666–1667, with its onion-domed towers, and in the background we can see the snow-covered peak of Mt Rigi.

DU PONT
HOTEL SCHIFF

◀ **Herbstmorgen mit Nebeln über der Reuss in Luzern**
Rechts erkennt man den Wasserturm, der der Stadt einst als Gefängnis, Archiv und zur Aufbewahrung des Staatsschatzes diente, links das Rathaus von 1602–1606 mit dem mittelalterlichen Turm, ans Rathaus reussabwärts anschliessend die Häuser »unter der Egg«.

◀ **Un matin d'automne brumeux à Lucerne**
A droite, on distingue la tour de l'Eau qui servait autrefois à la ville de prison, d'archives et de trésor, à gauche, l'hôtel de ville de 1602–1606 avec sa tour médiévale et, en aval de la rivière, la rangée de maisons «unter der Egg».

◀ **Misty autumn morning in Lucerne**
On the right we can see the Wasserturm which once served the city as prison, archives, and treasury, on the left is the City Hall of 1602–1606, with its medieval tower, and running down-river from there the row of houses called "unter der Egg".

26A
26A
11A

◀▶ Viehmarkt und Käserei im Alpenvorland
Das Emmental gilt recht eigentlich als das Kernland der Schweizer Käseproduktion, der Emmentaler selbst geniesst Weltruf. Allerdings wurde der Käse in der Schweiz bis zum Beginn des 19. Jahrhunderts vorzugsweise auf den Alpen hergestellt, in Kupferkesseln, wie dies im Greyerzerland heute noch üblich ist. Nur vereinzelt findet auf den Alpen heute noch das sogenannte Chästeilet statt. Die grossen Viehmärkte wie derjenige in Schangnau wurden indes schon immer unten im Tal abgehalten.
▶▶ Burgistein im Gürbetal mit Stockhornkette
Zu den reizvollsten Landschaften der Schweiz gehört noch immer das Gürbetal südlich von Bern mit seinen stattlichen Bauernhöfen. Die Stockhornkette im Hintergrund bildet den ersten Wall der Berner Alpen.

◀▶ Marché aux bestiaux et fromagerie dans les Préalpes
L'Emmental passe à juste titre pour le centre de la production fromagère suisse et son fromage jouit d'une réputation mondiale. Jusqu'au début du XIXe siècle, le fromage suisse était généralement fabriqué dans des laiteries situées dans les alpages dans des chaudrons en cuivre comme il l'est encore dans le pays de la Gruyère. La cérémonie du Chästeilet, le partage du fromage, n'est plus très courante aujourd'hui dans les alpages. Par contre, les grands marchés aux bestiaux, comme celui-ci à Schangnau, se sont toujours tenus dans les vallées.
▶▶ Burgistein dans le Gürbetal avec la chaîne du Stockhorn
Avec ses imposantes fermes, le Gürbetal, au sud de Berne, est une des plus belles contrées de Suisse. La chaîne du Stockhorn au fond forme le premier rempart des Alpes bernoises.

◀▶ Cattle Market and Cheese-making in the Pre-Alps
Emmental – the Valley of the River Emme – epitomizes Swiss cheese, and the cheese with the holes produced there is world-famous. Until the beginning of the 19th century, Swiss cheese was normally produced in copper vessels in dairies set among the Alpine pastures – as it still is in Gruyère. The traditional ceremony known as Chästeilet, when the cheese made from milk yielded by the cows during their summer months up on the Alpine pastures is divided up among the farmers, is now on the wane. Unlike the Chästeilet, the large cattle markets, such as that in Schangnau, have always been held down in the valleys.
▶▶ Burgistein in the Gürbe Valley with the Stockhorn Chain
With its fine farmhouses, the Gürbe Valley, to the south of Bern, is one of Switzerland's most charming rural areas. The Stockhorn Chain in the background forms the northern edge of the Alps.

◀▼ Die Berner Altstadt und der Nationalratssaal
1191 gründete Herzog Berchtold V. von Zähringen die Stadt Bern, die ihre Macht ab dem 14. Jahrhundert allmählich über weite Teile des Mittellandes ausdehnte. Nach 1536 stellte Bern den grössten Stadtstaat nördlich der Alpen dar, vergleichbar nur mit Venedig. Seine architektonische, städtebauliche Geschlossenheit hat sich die Berner Altstadt mit dem Vinzenz-Münster (1412–1573) bis heute erhalten. Macht wird in Bern auch im Nationalratssaal im eidgenössischen Parlamentsgebäude ausgeübt, zu dessen Bau 1902 die Schweizer Kantone das Baumaterial lieferten.

◀▼ Le centre historique de Berne et la Salle du conseil national
En 1191, le duc Berthold V de Zähringen fonda la ville de Berne qui, à partir du XIVe siècle, allait progressivement étendre son pouvoir sur de grandes parties du Plateau suisse. Après 1536, Berne devint la plus grande ville-Etat au nord des Alpes. La vieille ville de Berne avec la cathédrale St.-Vincent (1412–1573) a su garder sa physionomie. Le pouvoir est également exercé à Berne dans la Salle du conseil national dans l'immeuble du palais fédéral qui fut construit en 1902 avec le matériel fourni par les cantons suisses.

◀▼ The Historical Centre of Bern and the National Council Chamber
In 1191, Duke Berchtold V of Zähringen founded the town of Bern, which later gradually extended its power to cover large parts of the Swiss Central Plateau. From 1536 onwards, Bern was the largest city state north of the Alps, comparable only with Venice in the south. The historical centre, with the Cathedral of St Vincent (1412–1573), has been preserved in its entirety. Power is also exercized in Bern in the Federal Parliament, which was built in 1902 with material supplied by the Swiss cantons.

◂ Erlach, Bielersee und Petersinsel
Um 1100 liess der Basler Bischof Burkhard von Fenis am Bielersee eine Burg errichten, die sich zu einem neuenburgischen Zwergstädtchen entwickelte und 1474 von Bern erobert wurde, das im gleichen Jahr die Burg zum Schloss erweiterte. Als Vogt regierte hier unter anderem 1523–1528 der Maler Niklaus Manuel Deutsch. Ein weiterer berühmter Gast liess sich 1765 vorübergehend auf der – heute mit Erlach durch eine Landbrücke verbundenen – St. Petersinsel nieder: Im Inselhaus fand Jean-Jacques Rousseau einige Wochen des Glücks – die wenigen glücklichen seines Lebens.

◂ Erlach, le lac de Bienne et l'île Saint-Pierre
Vers 1100, l'évêque de Bâle, Burkhard von Fenis fit construire un burg qui allait devenir une petite ville. En 1474, celle-ci fut conquise par Berne qui, la même année, transforma le burg en château. Le peintre Niklaus Manuel Deutsch fut bailli ici de 1523 à 1528. En 1765, un autre personnage célèbre s'établit provisoirement dans l'île Saint-Pierre – reliée aujourd'hui par une bande de terre à Erlach – : dans une maison de l'île, Jean-Jacques Rousseau vécut quelques semaines de bonheur, les rares semaines heureuses de sa vie.

◂ Erlach, Lake Biel, and St Peter's Island
In about 1100, a castle was built on Lake Biel by the Bishop of Basle, Burkhard von Fenis; a small town grew up around it, and in 1474 both were captured by Bern, which in the same year extended the castle into a palace. The painter Niklaus Manuel Deutsch served as a bailiff here from 1523–1528. Over two centuries later, a much more famous character lived for a while on St Peter's Island, now really a peninsula, as it is connected with Erlach by a strip of land: Jean-Jacques Rousseau spent a few weeks here in 1765 – the only happy period of his life.

◀▶ **Stadtgründungen des Mittelalters**
Neuchâtel (oben links) war um 1011 Residenz der Könige von Burgund und kam im 12. Jahrhundert an die Grafen von Neuenburg, unter denen der Ausbau des Schlosses und der Bau der Kirche vorgenommen wurden. Biel (unten links) wurde im 13. Jahrhundert von den Bischöfen von Basel gegründet, die Häuser am sogenannten »Ring« verraten mit ihren Lauben bernischen Einfluss. Fribourg (rechts) ist neben Bern die bedeutendste Zähringer Gründung (1157), die Kathedrale St-Nicolas entstand 1283–1490.

▶▶ **Schloss und Städtchen Gruyères**
Rund 450 Jahre, bis 1554, dauert die Herrschaft der Grafen von Gruyères über das Städtchen und das ausgedehnte Hinterland, bis Graf Michel, hochverschuldet, die Herrschaft verkaufen muss: das Greyerzerland kommt an Fribourg, das Pays d'Enhaut an Bern, Schloss und Städtchen fallen den Fribourgern zu. Die Anlage präsentiert sich auch heute noch im wesentlichen in dem Zustand, den sie im 15. Jahrhundert erreicht hatte. Zusammen mit dem im Schloss eingerichteten Museum zählt Gruyères heute zu den beliebtesten Ausflugszielen der Schweiz.

◀▶ **Villes médiévales**
Neuchâtel (en haut à gauche) était, vers 1011, la résidence des ducs de Bourgogne mais devint, au XIIe siècle, possession des comtes de Neuchâtel qui firent agrandir le château et construire l'église. Bienne (en bas à gauche) a été fondée au XIIIe siècle par les évêques de Bâle mais les maisons à arcades du Ring, un des centres de la vieille ville, trahissent l'influence bernoise. Fribourg (à droite) est, avec Berne, la fondation (1157) la plus importante de la famille des Zähringen; la cathédrale St.-Nicolas a été construite de 1283 à 1490.

▶▶ **Le château et la ville de Gruyères**
Pendant près de 450 ans – jusqu'en 1554 –, les comtes de Gruyères régnèrent sur la petite ville et l'arrière-pays jusqu'à ce que le comte Michel de Gruyères, accablé de dettes, fut obligé de vendre ses biens: le pays de la Gruyère revint alors à Fribourg, le Pays d'Enhaut à Berne et le château et la petite ville de Gruyères aux Fribourgeois. L'ancienne bourgade a gardé, dans l'ensemble, l'aspect qu'elle avait au XVe siècle. Avec le musée installé dans le château, Gruyères est une des localités les plus visitées de Suisse.

◀▶ **Medieval towns**
Neuchâtel (top left) was the residence of the Kings of Burgundy in the period around 1011, but in the 12th century passed to the Counts of Neuchâtel, who extended the castle and built the church. Biel (bottom left) was founded in the 13th century by the bishops of Basle, but some of the houses, with their arcades, betray Bernese influence. After Bern, Fribourg (right), 1157, was the most important foundation of the dukes of Zähringen; St Nicholas' Cathedral was built from 1283–1490.

▶▶ **Gruyères – castle and town**
The town and its extensive territory belonged to the counts of Gruyères for about 450 years (from the end of the 11th century to 1554) until Count Michel, deeply in debt, had to sell his property: the Gruyère district passed to Fribourg, the Pays d'Enhaut to Bern, and the Castle and little town itself to Fribourg. The whole complex is still much the same as it was in the 15th century. Today, Gruyères and its castle museum is one of the most popular sights in Switzerland.

Die Alpen

Berner Oberland und Pays d'Enhaut

Aus der Sicht des Erdkundlers stellt sich das Ganze eindeutig dar: Die Alpen sind ein halbrunder Bogen aus Granit, Gneis, Serpentin, Kalk und weiteren Gesteinsarten mit einem Überzug von ewigem Schnee und Gletschern, der sich von Savona bis zur Donau bei Wien erstreckt, auf seiner ganzen Länge rund 1200 Kilometer misst, an einzelnen Punkten Höhen von 4000 Metern und mehr erreicht und Europa, vor allem aber Österreich und die Schweiz überhaupt erst zu dem gemacht hat, was sie sind.
Aus nationaler Sicht sind für die Schweiz von diesem Bogen lediglich die Zentralalpen von Bedeutung, die sich wieder in Berner Alpen, Zentral- und Ostschweizer Alpen, in die Bündner und die Tessiner Alpen unterteilen lassen – zugegeben eine relativ oberflächliche Gliederung, vergleicht man sie etwa mit der sorgfältigen Klassifizierung, wie sie das Geographische Lexikon der Schweiz bietet, das aber vielleicht auch nicht mehr den neuesten Stand orographisch-tektonischen und petrographisch-geologischen Wissens wiedergibt.
Sicher nicht mehr wissenschaftlich, aber eine souverän-überlegene Reduktion auf das Wesentliche ist das, was die Buchredakteure der National Geographic Society in Washington D. C. nun kürzlich aus dieser endlosen Kette von Viertausendern gleichsam als Essenz extrahiert haben: Die Alpen in höchster Vollendung sind demzufolge just jene Regionen, die man in der Schweiz das Berner Oberland und das Pays d'Enhaut nennt. Das ist nun nicht blosser Zufall, schlichte Igno-

◀ **Grimselpass und Berner Alpenpanorama**
Die Aufnahme mit der Grimselstrasse im Vordergrund, den Stauseen und den Berner Alpen im Hintergrund fasziniert durch das Nebeneinander von unberührter Gebirgslandschaft und in Jahrmillionen entstandenen Naturformen auf der einen, gestaltenden und verändernden Eingriffen des Menschen auf der anderen Seite. Vor der Kulisse von Finsteraarhorn, Fiescherhörnern, Mönch, Schreckhorn und Rosenhorn liegen hier Oberaarsee und -gletscher, Unteraargletscher und Grimselsee und Räterichsbodensee.

Les Alpes

L'Oberland bernois et le Pays d'Enhaut

Du point de vue du géographe la situation est simple: les Alpes sont un arc de cercle formé de granit, de gneiss, de serpentine, de calcaire et d'autres espèces de roches, recouvert de neiges éternelles et de glaciers, qui s'étend de Savone au Danube près de Vienne sur une longueur de quelque 1200 kilomètres, culmine à certains endroits à plus de 4000 mètres et a fait de l'Europe, et surtout de l'Autriche et de la Suisse, ce qu'elles sont aujourd'hui.
Du point de vue suisse, une partie seulement de cet arc a de l'importance: ce sont les Alpes centrales qui se subdivisent en Alpes bernoises, en Alpes du centre et de l'est de la Suisse, en Alpes grisonnes et en Alpes tessinoises. Il s'agit là, certes, d'une classification assez superficielle comparée à celle, détaillée, offerte par le Lexique géographique de la Suisse qui, cependant, ne correspond peut-être plus à l'état le plus récent des connaissances orographiques, tectoniques, pétrographiques et géologiques.
La définition donnée récemment par les rédacteurs de la National Geographic Society à Washington D.C. de cette succession infinie de quatre mille n'est certainement pas plus scientifique que la précédente mais a pour mérite d'être d'une merveilleuse simplicité. Selon celle-ci, les Alpes sont illustrées de la manière la plus parfaite par ces régions que l'on appelle en Suisse l'Oberland bernois et le Pays d'Enhaut. Ce n'est certainement pas là un pur hasard, de la simple ignorance ou de la négligence impardonnable car cette constatation est bien fondée et a une longue histoire

◀ **Col du Grimsel et panorama des Alpes bernoises**
La route du col du Grimsel au premier plan, les lacs de retenue et les Alpes bernoises à l'arrière-plan fournissent un exemple fascinant de la coexistence d'un paysage montagneux intact d'une part, et les interventions modificatrices de l'homme d'autre part. Sur la toile de fond formée par le Finsteraarhorn, les Fiescherhörner, le Mönch, le Schreckhorn et le Rosenhorn, on peut ainsi voir le lac de retenue et le glacier de l'Oberaar, le glacier de l'Unteraar et les lacs de retenue du Grimsel et du Räterichsboden.

The Alps

The Bernese Oberland and Pays d'Enhaut

It's a simple matter from the point of view of the geographer: the Alps are a mountain system consisting of granite, gneiss, serpentine, limestone, and other kinds of rock with a topping of eternal snow and glaciers, which stretches in a flat arch across the top of the Italian peninsula from Savona to the Danube near Vienna, measures roughly 800 miles from end to end, rises at certain places to well over 13/14,000 ft, and has made central Europe – and especially Austria and Switzerland – into what it is.
From the Swiss point of view only the Central Alps are of immediate importance, and within Switzerland these are further subdivided into the Bernese Alps, the Central and Eastern Swiss Alps, the Grisons (or Bündner) Alps, and the Tessiner Alps. This is, of course, a rather superficial classification compared with the one provided by the Swiss Geographical Lexicon – but even this standard work is perhaps not quite in line with the latest state of the orographic, tectonic, petrographic, and geological arts.
The brilliant definition recently produced by the book editors of the National Geographic Society in Washington DC, though no more scientific than the above, certainly succeeds in putting the Alps into a nutshell, when it declares that this endless series of soaring peaks is best exemplified by those regions which in Switzerland are called the Bernese Oberland and the Pays d'Enhaut. This is not a matter of chance, simple ignorance, or unforgivable laziness, for it is based on sound reasons and a long history which begins with

◀ **Grimsel Pass and Bernese Alpine panorama**
This aerial view with the Grimsel Pass road in the foreground, the reservoirs, and the Bernese Alps in the background, provides a fascinating example of the concatenation of unspoilt mountain landscape and man's creative and modifying actions. Thus, in front of the backdrop provided by the Finsteraarhorn, Fiescherhörner, Mönch, Schreckhorn, and Rosenhorn peaks, we have the Oberaar Reservoir and Glacier, the Unteraar Glacier, and the Grimsel and Räterichsboden reservoirs.

ranz oder unverzeihliche Trägheit, das hat seinen guten Grund und eine lange Geschichte, die zunächst harmlos mit einer Fussreise anfängt: 1728 brach Albrecht von Haller, gerade zwanzig geworden, von Basel zu einer längeren Wanderung auf, die ihn über Biel, Lausanne und Genf erst ins Wallis, von dort über die Gemmi nach Kandersteg und nach Spiez, dann via Thuner- und Brienzersee nach Meiringen, von dort nach Engelberg und am Ende über Luzern nach Zürich führte. Albrecht von Haller, primär Arzt und Naturwissenschaftler, war von der durchwanderten Landschaft so beeindruckt, dass er seine Erlebnisse gleich in feierlichen Alexandrinern niederschrieb. »Die Alpen«, 1732 dem Druck übergeben, waren freilich nicht so sehr eine dichterische Hymne an die Natur und die Bergwelt der Schweiz. Haller selbst verstand sie als Lehrgedicht, in dem er sich Gedanken machte über die Universalharmonie, die ideale Ordnung der Welt im Sinne der Aufklärung und des Naturrechts. Nicht die Alpen waren demnach das zentrale Thema, sondern das goldene Zeitalter, das Idealbild einer ursprünglichen Menschheit, die noch in vollkommener Harmonie mit der Natur und ihren Gesetzen lebt. Entsprechend schilderte Haller das Leben der Älpler so, dass jeder ihrer Charakterzüge ein Laster der Zeit geisselte.
Für Albrecht von Haller verfügten die Alpen in erster Linie über didaktische Vorzüge. Recht eigentlich »zum Heulen schön« fand sie dann erst Jean-Jacques Rousseau; Hallers gesellschaftskritischen Ansatz erweiterte und ergänzte Rousseau durch seine grenzenlose Begeisterung für eine unverfälschte Natur, und die wiederum hatte, um das Gefühl aufs höchste zu erregen, möglichst kontrastreich zu sein. Eine Landschaft war somit nur schön, wenn sie Wildbäche enthielt; Felsen, Tannen, dunkle Wälder, Berge und holprige Wege; furchterregende Schluchten und insbesondere Wasserfälle – selbst wenn sie, wie im Wallis, Pissevache hiessen. Zu Rousseaus

qui a commencé par un voyage à pied: en 1728, Albrecht von Haller, qui venait juste d'avoir vingt ans, se mettait en route à Bâle pour une longue marche qui allait le conduire par Bienne, Lausanne et Genève tout d'abord dans le Valais puis de là, par le col de la Gemmi, à Kandersteg et Spiez, ensuite à Meiringen via les lacs de Thoune et de Brienz, après à Engelberg et finalement à Zurich via Lucerne. Albrecht von Haller, qui était d'abord un anatomiste et un botaniste, fut si impressionné par les paysages qu'il traversait qu'il se mit à consigner ses expériences en pompeux alexandrins. Les Alpes (Die Alpen), qui parurent pour la première fois en 1732, n'étaient évidemment pas uniquement un hymne poétique à la nature et au paysage montagneux de la Suisse. Haller concevait ce livre comme un poème didactique dans lequel il s'interrogeait sur l'harmonie universelle, l'ordre idéal du monde dans l'esprit du Siècle des lumières et de la loi de la nature. Aussi le thème central de ce poème n'était pas tant les Alpes que l'âge d'or, le concept idéal d'une société primitive vivant encore en pleine harmonie avec la nature et ses lois. Haller y décrit en effet la vie des habitants des Alpes de telle sorte que leurs traits de caractère lui servent à stigmatiser les vices de l'époque.
Pour Albrecht von Haller les Alpes avaient donc en premier lieu des avantages didactiques. Il fallut attendre Jean-Jacques Rousseau pour les trouver «belles à pleurer». Rousseau étendit et compléta le commencement de critique sociale de Haller par son enthousiasme illimité pour une nature intacte qui, pour stimuler au maximum les sentiments, devait être pleine de contrastes. Un paysage n'était beau que s'il englobait des rochers, de sombres forêts, des montagnes et des chemins cahoteux, d'effroyables ravins et surtout des torrents même si, comme dans le Valais, on leur donne le nom de pissevache. Enfin, à l'enthousiasme sans frein et larmoyant de Rousseau pour la nature et à la vision d'un âge d'or

a long march: in 1728 Albrecht von Haller, just twenty years old, started off on a walk that took him via Biel, Lausanne and Geneva into Valais, from there across the Gemmi Pass to Kandersteg and to Spiez, then via Lakes Thun and Brienz to Meiringen, from there to Engelberg, and finally via Lucerne to Zurich. Albrecht von Haller, who was primarily an anatomist and botanist, was so impressed by the scenery he passed through that he recorded his experiences in stately alexandrines. "Die Alpen", first printed in 1732, was, however, not simply a poetic hymn to nature and the Swiss mountain world, for Haller himself intended it as a didactic poem in which he mused on the concept of universal harmony, the ideal order of the world from the point of view of the Enlightenment and natural law. So it was not so much the Alps that were the central theme of the poem, but the Golden Age, the ideal concept of a primitive society which still lived in complete harmony with nature and its laws. To this end Haller describes the Alpine inhabitants in such a way that each of their characteristics in itself represents an attack on one of the vices of the age.
Thus, for Albrecht von Haller, the Alps possessed primarily didactic advantages. It needed a Jean-Jacques Rousseau to consider them beautiful enough to bring tears to one's eyes; Rousseau extended and supplemented Haller's incipient social criticism by his prodigious enthusiasm for an unadulterated nature which, in order to stimulate the feelings as much as possible, had to be as rich in contrasts as possible. Thus a stretch of countryside was only beautiful if it included rocks, fir trees, dark forests, mountains and uneven paths, terrifying ravines, torrents, and especially waterfalls – even if, as in Valais, they were called *pissevache.* Finally, to Rousseau's uninhibited and lachrymose enthusiasm for nature, and Haller's vision of a Golden Age, was added the "noble savage", who was

hemmungsloser und tränenseliger Naturbegeisterung und Hallers Vision eines goldenen Zeitalters gesellte sich schliesslich noch das Idealbild vom »edlen Wilden«, wie ihn sich Voltaire und die Aufklärer erträumten und wie man ihn nun unter den Hirtenvölkern der Alpregionen gefunden zu haben glaubte.
Dass sich die Alpenbegeisterung dabei mehr und mehr auf das Berner Oberland konzentrierte, lag in der Natur der Sache selbst: Mit Eiger, Mönch und Jungfrau, dem Wetter-, Well- und all den anderen Hörnern, mit den klaren, in die Alpenwelt eingebetteten Seen von Thun und von Brienz, den Giess- und den Staubbachfällen und der Aareschlucht bei Meiringen hatte die Region auf kleinstem Raum ungefähr alles zu bieten, was beim Reisenden erhabene Empfindungen und Schauder des Entzückens auslöste. Ausserdem war die touristische Infrastruktur im Bernbiet bereits zu jener Zeit recht gut ausgebaut, Bern gehörte überdies zu jenen Städten, die man auf einer Schweizer Reise in aller Regel ohnehin aufsuchte. Greyerzerland und Pays d'Enhaut wiederum profitierten von der Nähe zum Genfer See, wo man in den Fussstapfen Rousseaus zu wandeln trachtete, das Greyerzerland war zudem in ganz Europa für seinen Käse bekannt und exportierte sein schwarzweiss geflecktes Vieh bis nach Paris.
Französische Revolution, Kontinentalsperre und Napoleonische Kriege sorgten zwar für eine zeitweise Unterbrechung des Besucherstroms, aber als begehrtes Reiseziel für ein gehobenes Publikum auf der Suche nach dem Erhabenen in der Natur war das Berner Oberland fest etabliert. Goethe war selbstverständlich da, noch vor der Revolution natürlich, Kleist, Platen, Victor Hugo, Byron und hundert andere mehr. Mit den Unspunnenfesten von 1805 und 1808, die die Folklorisierung von Hirtentum und Trachtentragen festschrieben, und mit der Einrichtung erst bescheidener, dann immer anspruchsvollerer Logis und Hotels mischten Behörden wie Pri-

de Haller vint se joindre le modèle du «noble sauvage» imaginé par Voltaire et les esprits éclairés, et que l'on croyait maintenant avoir trouvé parmi les populations pastorales des régions alpines.
Le fait que cet enthousiasme pour les Alpes se soit de plus en plus concentré sur l'Oberland bernois était dans la nature des choses: avec l'Eiger, le Mönch, la Jungfrau et tous les autres sommets, avec les eaux cristallines des lacs de Thoune et de Brienz enchâssés dans le monde alpin, les chutes du Giessbach et la cascade du Staubbach et les gorges de l'Aar près de Meiringen, cette région offrait, dans un espace réduit, à peu près tout ce qui était susceptible de susciter chez le voyageur des sentiments élevés et des frissons de ravissement. En outre, l'infrastructure touristique était déjà bien développée à l'époque dans la région de Berne et Berne était une de ces villes que l'on visitait généralement lors d'un voyage en Suisse. La Gruyère et le Pays d'Enhaut profitaient à leur tour de la proximité du lac Léman où l'on aimait à suivre les traces de Jean-Jacques Rousseau; de surcroît, la Gruyère était connue dans toute l'Europe pour ses fromages et elle exportait jusqu'à Paris son bétail tacheté de noir et blanc.
La Révolution française, le blocus continental et les guerres napoléoniennes interrompirent certes pour un temps le flux des visiteurs mais l'Oberland bernois était déjà bien établi comme lieu de villégiature pour une clientèle d'élite en quête d'une nature grandiose. Gœthe s'y trouvait évidemment, avant la Révolution bien entendu, et il y avait également Kleist, Platen, Victor Hugo, Byron et des centaines d'autres. Avec l'organisation de festivals en 1805 et 1808, qui popularisèrent le folklore pastoral et les costumes traditionnels, et avec la création après 1815 de pensions et d'hôtels, modestes d'abord puis de plus en plus sélects, les autorités et les capitaux privés intervinrent en force dans le secteur touristique – parfois même avec trop de zèle et d'assi-

dreamed up by Voltaire and the Enlightenment, and was now believed to have been discovered among the pastoral peoples of the Alpine regions.
The fact that 'alpophilia' gradually became increasingly concentrated on the Bernese Oberland lay in the nature of things: with the Eiger, Mönch, Jungfrau, and all the other peaks, with the clear, pure waters of Lakes Thun and Brienz framed in the Alpine world, with the Giessbach and Staubbach waterfalls and the Aare Gorges near Meiringen, this region displayed in a very small space all the features calculated to stimulate elevated emotions and provoke shudders of delight in the traveller. Furthermore, the touristic infrastructure in the Bern region was already well developed even at that early stage, and the capital was one of those towns which one visited as a matter of course when travelling in Switzerland. The Gruyères countryside and the Pays d'Enhaut, in turn, profited from their proximity to Lake Geneva, where walking in Rousseau's footsteps was a favourite occupation – and, in addition, Gruyères was known throughout Europe for its cheese, and exported its black-and-white cattle as far as Paris.
The French Revolution, the blockade of the continent, and the Napoleonic wars interrupted the stream of visitors for a while, but the Bernese Oberland was already established as a popular place of resort for wealthier visitors in search of nobility in nature. Goethe was there, of course – before the Revolution –, and so were Kleist, Platen, Victor Hugo, Byron, and hundreds of others. Folklore festivals organized in 1805 and 1808, which popularized the idea of alpine pastoral life and ethnic costumes, were followed after 1815 by the provision of at first modest, then increasingly luxurious accomodation for tourists – developments in which both the authorities and private capital had a hand; indeed, the folklore line must occasionally

◀ Thun – trotzige Burg am Eingang zum Oberland
Der keltische Ursprung des Namens Thun – *dunum* bedeutet soviel wie befestigter Hügel oder Burg – lässt vermuten, dass der spätere Schlossberg bereits in vorrömischer Zeit und die Gegend kontinuierlich seit der Jungsteinzeit besiedelt waren. Nach dem Sieg der Zähringer 1191 über den Oberländischen Adel entstand unter Verwendung eines Vorgängerbaus der Herren von Thun nach 1200 das Schloss, das in seinen architektonischen Grundzügen weitgehend erhalten geblieben ist. Im mächtigen Donjon, dem Wohnturm – einem der grössten der Schweiz –, ist heute das historische Museum untergebracht. Im Hintergrund die Silhouette des Stockhorns.

◀ Thun (Thoune) – un fier château à l'entrée de l'Oberland
L'origine celte du nom Thun – *dunum* signifie colline ou château fortifié – permet de penser que la colline sur laquelle fut construit le château était déjà habitée à l'époque pré-romaine et que la région a été occupée en permanence depuis le néolithique. Après leur victoire sur la noblesse locale en 1191, les ducs de Zähringen firent agrandir à partir de 1200 le château des seigneurs de Thun et lui donnèrent l'aspect qu'il a dans l'ensemble conservé jusqu'à maintenant. L'imposant donjon, un des plus grands de Suisse, abrite aujourd'hui le musée historique. Au fond, la silhouette du Stockhorn.

◀ Thun – defiant castle guarding the gateway to the Oberland
The Celtic origin of the name 'Thun' – *dunum* means fortified hill, or castle – suggests that the town's Castle Hill was already settled in pre-Roman times and that the area has been continuously used by man since the New Stone Age. After the dukes of Zähringen had defeated the local nobles in 1191, the existing castle was extended and improved, and it has survived more or less unchanged to the present day. An Historical Museum is now housed in the massive keep – one of Switzerland's largest. In the background is the silhouette of the Stockhorn peak.

vate nach 1815 im Tourismusgeschäft kräftig mit – gelegentlich auch allzu eifrig und aufdringlich, denn schon damals beklagten sich einzelne Reisende darüber, dass man beim Abendessen unentwegt »angejodelt und angehornt« werde.
Heute sind Tourismus und Berner Oberland praktisch deckungsgleiche Begriffe, Interlaken hatte sich bereits um 1900 zu einer eigentlichen Fremdenstadt in den Alpen entwickelt. Mit dem Aufkommen des Wintersports mutierten Hallers Hirten in Adelboden und Gstaad, in Wengen, Mürren und Grindelwald allmählich zu Skilehrern, der Bergler schlichte, karge Hütten sind längst zu Ferienchalets umgebaut. Auf Waadtländer Seite geschah in Les Diablerets, um 1900 noch ein Bergdorf mit hundert Häusern und einem Hotel, im Eilzugtempo Vergleichbares. Das Pays d'Enhaut dagegen geriet vorübergehend etwas in Vergessenheit; die Zeit nutzte man hier dazu, durch die Universität Bern darüber nachdenken zu lassen, wie man traditionelle Berglandwirtschaft mit Tourismus verbindet, ohne davon abhängig zu werden. Was da an Vorschlägen herauskommt, könnte durchaus auch als Anregung für Entwicklungsländer dienen.

duité car, la fois-là déjà, certains voyageurs se plaignaient de ne pouvoir dîner sans être assailli en permanence par les jodleurs et les cors alpins.
Aujourd'hui, le tourisme et l'Oberland bernois sont devenus pratiquement synonymes. Dès 1900, Interlaken s'est transformée en une véritable station touristique et, avec la vogue des sports d'hiver, à Adelboden et Gstaad, à Wengen, Mürren et Grindelwald, les bergers de Haller sont devenus peu à peu des moniteurs de ski et il y a bien longtemps que leurs simples et modestes habitations ont été transformées en châlets de vacances. Dans le canton de Vaud, Les Diablerets, une station qui n'était encore en 1900 qu'un village de montagne avec une centaine de maisons et un hôtel, a connu la même transformation ultrarapide. Par contre, le Pays d'Enhaut est tombé momentanément dans l'oubli; cette période a été mise à profit pour réfléchir, en liaison avec l'université de Berne, sur les moyens de concilier les activités économiques traditionnelles en pays de montagne avec le tourisme sans pour autant en devenir dépendant. Le fruit de ces réflexions pourrait également inspirer les pays en voie de développement.

have been presented with such hard-selling tactics that even in those days there were a few complaints from individual travellers that they could not dine without being "yodelled to, and boomed at by Alpine horns".
Today tourism and the Bernese Oberland are practically synonymous concepts. By about 1900, Interlaken, the region's tourist headquarters, had already developed into what was virtually a town devoted entirely to visitors, and with the growth of winter sports, Haller's shepherds in Adelboden and Gstaad, in Wengen, Mürren and Grindelwald, gradually mutated into skiing instructors, and their simple, bare houses have long since been converted into holiday chalets. In Les Diablerets, in the Vaud, a mountain village with a hundred houses and one hotel in 1900, the same kind of conversion took place at breakneck speed. The Pays d'Enhaut, on the other hand, was temporarily left behind; the time was well spent by consulting specialists at the University of Bern on the best way of combining a traditional mountain-farming economy with tourism without becoming dependent on the new industry; the results of their cogitations might well also prove beneficial to developing countries.

▸ **Thunersee bei Sigriswil und Interlaken**
Die Gegend um den Thunersee mit den Burganlagen von Spiez und Thun, den Ruinen von Unspunnen und Ringgenberg und den mehr als 1000 Jahre alten Kirchen von Einigen, Amsoldingen, Aeschi und Spiez ist nicht nur eine historisch bedeutsame Kulturlandschaft, sie zog seit jeher auch Bewunderer der Naturschönheiten an. Mit dem Aufkommen des Tourismus in den dreissiger Jahren des 19. Jahrhunderts entwickelte sich das einstige Fischerdorf Interlaken am Eingang zum Lauterbrunnental zu einer Fremdenverkehrsstadt mit gewaltigen Hotelbauten.

▸ **Le lac de Thoune près de Sigriswil et Interlaken**
La région du lac de Thoune avec les châteaux de Spiez et de Thoune, les ruines d'Unspunnen et du Ringgenberg et les églises plus que millénaires d'Einigen, Amsoldingen, Aeschi et Spiez n'a pas seulement un caractère historique, elle attire également depuis toujours les amoureux de la nature auxquels elle offre des paysages de toute beauté. Avec l'expansion du tourisme au début du siècle dernier, Interlaken, autrefois un petit village de pêcheurs à l'entrée de la vallée de Lauterbrunnen, est devenu progressivement une ville touristique.

▸ **Lake Thun near Sigriswil and Interlaken**
The area round Lake Thun, with the castles of Spiez and Thun, the ruins of Unspunnen and Ringgenberg, and the ancient churches of Einigen, Amsoldingen, Aeschi, and Spiez is not only historically fascinating, but has also always attracted nature-lovers for its scenic beauty, one example of which is the view across the lake to the Bernese Alps near Sigriswil. With the development of tourism in the 1830's , the one-time fishing village of Interlaken at the entrance to Lauterbrunnen Valley developed into a tourist centre with immense hotels.

▸ Die Wetterhorngruppe vom Hasliberg aus gesehen
Von der Hangterrasse des Haslibergs aus geniesst man eine prachtvolle Aussicht auf die Wetterhorngruppe, die aus den Hauptgipfeln Wetterhorn (3701 m), Mittelhorn (3704 m) und Rosenhorn (3689 m) besteht. Bestiegen werden die Gipfel der Gruppe in der Regel von Grindelwald und Rosenlaui aus, von der man 1844 denn auch zur Erstbesteigung aufbrach. Die einheimischen Bergführer genossen übrigens damals Ruhm und Ansehen in ganz Europa, und Christian Almer aus Grindelwald feierte das Fest der Goldenen Hochzeit im Juni 1896 gemeinsam mit Frau und Kindern auf dem Horn. Zwischen Hasliberg und den Bergen gegenüber fliesst die Aare von der Grimsel her durchs Haslital dem Brienzersee zu, nachdem sie zwischen Innertkirchen und Meiringen die tiefe und enge Aareschlucht passiert hat.

▸ Le groupe du Wetterhorn vu du Hasliberg
De la terrasse du Hasliberg, on jouit d'un magnifique panorama sur le groupe du Wetterhorn dont les principaux sommets sont le Wetterhorn (3701 m), le Mittelhorn (3704 m) et le Rosenhorn (3689 m). Leur escalade se fait généralement à partir de Grindelwald et de Rosenlaui d'où a été faite la première ascension en 1844. Les guides de montagne du pays ont d'ailleurs joui d'une grande renommée en Europe. En juin 1896, l'un d'entre eux, Christian Almer, de Grindelwald, a fêté ses noces d'or avec sa femme et ses enfants sur le Wetterhorn. Entre le Hasliberg et les montagnes en face coule l'Aar qui vient de la région de Grimsel, traverse le Haslital et se dirige vers le Lac de Brienz, après avoir franchi les profondes et étroites gorges de l'Aar entre Innertkirchen et Meiringen.

▸ The Wetterhorn Group, seen from Hasliberg
From the slopes of the Hasliberg there is a splendid view of the Wetterhorn Group, whose main peaks are Wetterhorn (12,142 ft), Mittelhorn (12,152 ft), and Rosenhorn (12,103 ft). These peaks are usually climbed from Grindelwald and Rosenlaui, from where the first ascent was made in 1844. The local guides were even then already renowned throughout Europe, and one of them, the Grindelwald guide Christian Almer, celebrated his golden wedding together with his wife and children on the Wetterhorn peak in June 1896. Between the Hasliberg and the mountains opposite flows the River Aare, coming from the Grimsel region, passing through the Hasli Valley, and heading for Lake Brienz – after having negotiated the deep and narrow Aare Gorge between Innertkirchen and Meiringen.

◀▼ Eiger, Mönch und Jungfrau
Am schönsten ist der Blick in die Berner Alpen kurz vor Einbruch des Winters, wenn die Alpen bereits eingeschneit sind und in der voralpinen Hügellandschaft wie etwa derjenigen bei Riggisberg noch Herbststimmung herrscht. Die weltweit wohl bekannteste Gipfelgruppe der Schweiz, Eiger, Mönch und Jungfrau, ist seit dem Bau der Jungfraubahn (Eröffnung 1906) auch dem nicht-alpinistischen Touristen bequem zugänglich. Erstmals bestiegen wurde die Jungfrau 1811; 1841 unternahm der »Erfinder der Eiszeiten«, Louis Agassiz, die vierte Besteigung.

◀▼ L'Eiger, le Mönch et la Jungfrau
C'est quand elles sont déjà couvertes de neige et que l'automne règne encore dans le paysage de collines préalpines, comme près du Riggisberg, que les Alpes bernoises sont les plus belles. Le plus célèbre groupe de montagnes de la Suisse est également accessible aux non-alpinistes depuis la construction du chemin de fer à crémaillère de la Jungfrau (ouvert en 1906). La première ascension de la Jungfrau a eu lieu en 1811; en 1841, ce sommet a été escaladé pour la quatrième fois par le naturaliste suisse, Louis Agassiz, l'«inventeur de l'époque glaciaire».

◀▼ Eiger, Mönch, and Jungfrau
The Bernese Alps look their best shortly before winter, when they are already snow-covered, and yet autumn still reigns in the foothills – near Riggisberg, for example. Since the building of the Jungfrau Railway (opened in 1906) the most famous group of mountains in Switzerland – Eiger, Mönch, and Jungfrau – are also comfortably accessible to non-mountaineering tourists. The first ascent of the Jungfrau was in 1811; in 1841 it was climbed for the fourth time by that universal naturalist Louis Agassiz, the "inventor of the Ice Ages".

▲▶ Lauterbrunnental und Grindelwald mit Wetterhorn
Das malerische Lauterbrunnental (rechts) übte bereits im 18. Jahrhundert eine grosse Anziehungskraft auf Reisende aus: Goethe war ebenso hier wie Meiners und Ebel. Mehr als zwanzig über die hohen Felswände herabstürzende Wasserfälle haben dem Tal den Namen gegeben. Grindelwald (links) im benachbarten Lütschinental erlebte seinen Aufschwung als Fremdenverkehrsort ab 1870, zum einen dank seiner Lage mit dem unvergleichlichen Blick aufs Wetterhorn, zum anderen als Ausgangspunkt für die Besteigung von Eiger, Mönch und Jungfrau.

▲▶ La vallée de Lauterbrunnen et Grindelwald avec le Wetterhorn
La pittoresque vallée de Lauterbrunnen (à droite) a, dès le XVIIIe siècle, fasciné les voyageurs. Plus d'une vingtaine de cascades qui dévalent des hautes parois rocheuses ont donné son nom à la vallée. La localité de Grindelwald (à gauche) dans la vallée voisine de la Lütschine, a connu un essor touristique à partir de 1870, en partie à cause de son incomparable panorama sur le Wetterhorn, et en partie parce qu'elle constitue un point de départ pour les ascensions de l'Eiger, du Mönch et de la Jungfrau.

▲▶ Lauterbrunnen Valley, Grindelwald with Wetterhorn
The picturesque, almost vertical limestone sides of Lauterbrunnen Valley (right) exercised a strong fascination on visitors as early as the 18th century: Goethe was one of them. More than twenty waterfalls come tumbling down the steep rocky walls, and it is from them that the valley takes its name. Grindelwald (left), in the neighbouring Lütschinen Valley experienced a tourist boom from 1870, partly because of its site, with its incomparable view of Mt Wetterhorn, and partly because it is a good starting point for climbing Mts Eiger, Mönch, and Jungfrau.

◀ **Die Freiburger Gastlosen**
Grenzgebirge zwischen Bern und Fribourg sind die Gastlosen, ein bizarr gezackter Felskamm, der durch eine geologische Überschiebung und Aufrichtung mächtiger Kalkschichten entstand. Trotz ihrer relativ bescheidenen Höhe – um die 2000 Meter – stellen die Gastlosen auch heute noch eine alpinistische Herausforderung dar.

◀ **Les Gastlosen fribourgeois**
Les Gastlosen, une crête rocheuse bizarrement dentelée formée par le plissement et le redressement d'imposantes couches de calcaire, sont situés entre Berne et Fribourg. Malgré leur hauteur relativement modeste – 2000 mètres environ – les Gastlosen constituent aujourd'hui encore un défi pour les alpinistes.

◀ **The Fribourg Gastlosen Group**
The Gastlosen, a bizarrely rugged ridge formed by the folding and raising of great limestone strata, lies between Bern and Fribourg. Despite its relatively modest height – around 6,500 ft – the Gastlosen is still a challenge to mountaineers.

◀ **Les Diablerets**
Was den Bernern Eiger, Mönch und Jungfrau sind, das sind den Waadtländern Les Diablerets: Die eindrückliche Gebirgsgruppe über dem Bergtal von Les Ormonts zieht zum einen die Grenze zum Wallis, zum anderen bilden sie heute den Hintergrund für ein ausgedehntes Ski- und Naherholungsgebiet. Bekannt sind die Diablerets ausserdem für ihre fossilienführenden Schichten.

◀ **Les Diablerets**
Les Diablerets sont pour les Vaudois ce que l'Eiger, le Mönch et la Jungfrau sont pour les Bernois: le groupe de montagnes le plus impressionnant au-dessus de la vallée des Ormonts d'une part trace la frontière avec le Valais, d'autre part constitue le splendide décor d'une vaste région de ski et de détente. Les Diablerets sont également célèbres pour les fossiles découverts dans leurs couches.

◀ **Les Diablerets**
Les Diablerets are to the people of Vaud what Eiger, Mönch, and Jungfrau are to the Bernese: this impressive mountain group above the upland valley of Les Ormonts forms the border to Valais, and the backdrop for an extensive skiing and excursion area. The Diablerets are also well-known for the fossils found in their strata.

◂▾ **Im Passgebiet des Berner Oberlands**
Zwei wichtige Pässe verbinden das Haslital seit Jahrhunderten mit den dem Berner Oberland benachbarten Kantonen. Der Sustenpass führt von Innertkirchen nach Wassen im Kanton Uri. Bei Steingletscher, kurz vor der Passhöhe (2224 m), liegt neben der Strasse ein kleiner, natürlicher See, der sein Wasser vom Steingletscher bezieht. Gleichfalls ein natürliches Seelein findet sich auf der Höhe des Grimselpasses (2165 m), der ins Oberwallis führt und einst eine wichtige Verbindung ins Urserental und nach Italien darstellte.

◂▾ **Dans la région des cols de l'Oberland bernois**
Deux cols importants relient depuis des siècles l'Haslital avec les cantons voisins de l'Oberland bernois. Le col du Susten mène d'Innertkirchen à Wassen dans le canton d'Uri. Près de Steingletscher, un peu avant le haut du col (2224 m), se trouve à côté de la route un petit lac naturel alimenté par les eaux du glacier de Stein. Il y a également un petit lac naturel au haut du col du Grimsel (2165 m) qui mène dans le haut Valais et qui fut autrefois une voie de communication importante avec la vallée d'Urseren et l'Italie.

◂▾ **The Bernese Oberland passes**
For centuries two important passes have connected Hasli Valley with the cantons bordering on the Bernese Oberland. The Susten Pass leads from Innertkirchen to Wassen in Canton Uri. Near Steingletscher, just below the top of the pass (7,297 ft), next to the road, there is a small natural lake which draws its waters from the Stein Glacier. There is also a small natural lake at the top of the Grimsel Pass (7,103 ft); the Grimsel Road leads into Upper Valais, and was once an important route to the Urseren Valley and to Italy.

Wallis

Matterhorn und Rhonegletscher, Tomaten, Trauben und Tourismus

Noch vor zweihundert Jahren machte der kultivierte Reisende spätestens in Aigle oder Bex rechtsumkehrt, eine Fortsetzung der Reise aus dem damals noch bernischen Hoheitsgebiet hinein ins unbekannte und unwirtliche Wallis schien kaum ratsam. Als der »königlich Grossbrittannische Hofrath und Ordentliche Lehrer der Weltweisheiten« Christoph Meiners 1788 die Schweiz bereiste und nach dem Mittagstisch in Villeneuve Lust verspürte, ins Wallis zu fahren, um da auf den Grossen St. Bernhard hinaufzureiten, weigerte sich der Kutscher »schlechterdings wegen der ihm unerträglichen Unreinlichkeit der Wirtshäuser in Unterwallis«, seinen Kunden nach Sion/Sitten zu begleiten, und ein eigentlicher Touristenschreck waren die Unterwalliser selbst: Sie galten nicht nur als schmutzig, unwissend, abergläubisch und hinterlistig, die Gegend wimmelte offenbar auch von Kretinen mit abscheulichen Kröpfen und monströsen Bäuchen.
Eine wesentlich bessere Presse hatte seit je das Oberwallis, das man damals meist über die Furka oder die Grimsel erreichte. Bei allen Unterschieden in der Beurteilung der Walliser war man sich jedoch einig über »die erhabene Natur der Walliser Landschaft«; hier, »in Wallis sieht man alle seltene und hinreissende Schauspiele, welche hohe Berge darbieten, am nächsten, mannigfaltigsten, und in ihrer grössten Pracht beysammen.« Die Folgen blieben denn auch nicht aus: Das Wallis wurde bald zum bevorzugten Ziel englischer Alpinisten. Vor allem das Matterhorn übte seit der Mitte des 19. Jahrhunderts eine unwi-

◂ Blick ins sommerliche Lötschental
Auf der rechten Seite des Rhonetals gibt es nur zwei grössere Täler: Tal der Dala und Lötschental. Während das Tal der Dala dank der Thermalquellen von Leukerbad bereits im Mittelalter gern besucht wurde, blieb das Lötschental abgeschlossen, für sich und war weitgehend autark. Die Schattenhänge sind auch heute noch bewaldet, doch auf der Sonnenseite musste der Wald bis auf die Stellen, an denen er Schutzwaldfunktionen ausübt, wie hier oberhalb von Blatten, den Bedürfnissen der Alpwirtschaft weichen.

Valais

Le Cervin et le glacier du Rhône. Tomates, raisins et touristes

Il y a encore deux cents ans, le voyageur distingué faisait demi-tour au plus tard à Aigle ou Bex car, à l'époque, il ne semblait guère prudent de quitter le territoire bernois pour s'aventurer dans le Valais inconnu et inhospitalier. Lorsque le «conseiller de la cour du royaume de Grande-Bretagne et professeur de philosophie», Christophe Meiners fit un voyage en Suisse en 1788 et qu'après le déjeuner à Villeneuve l'envie le prit de se rendre dans le Valais pour monter au col du Grand-Saint-Bernard, le cocher refusa «tout simplement» d'emmener son client à Sion «à cause de la malpropreté, insupportable à ses yeux, des auberges du Bas-Valais». Il est vrai que les habitants du Bas-Valais avaient la fois-là une réputation propre à effrayer les touristes: non seulement ils passaient pour être sales, ignorants, superstitieux et perfides mais leur région regorgeait de surcroît, disait-on, de crétins avec des goîtres affreux et des ventres monstrueux.
Le Haut-Valais, que l'on atteignait généralement la fois-là par le col de la Furka ou du Grimsel, avait bien meilleure presse. Mais quelle que soit l'opinion que l'on avait des Valaisans, on s'accordait à dire que la nature était magnifique dans cette région; ici, «dans le Valais, on peut voir de près, et dans toute leur variété et leur splendeur, les spectacles rares et enchanteurs qu'offrent les hautes montagnes». Le résultat ne se fit pas attendre: le Valais devint bientôt le terrain priviligié des alpinistes anglais. Le Cervin surtout exerça à partir du milieu du XIXe siècle un attrait irrésistible sur les passionnés de l'escalade et cer-

◂ Vue du Lötschental en été
A droite du Rhône, il n'y a que deux vallées notables, la vallée de la Dala et le Lötschental. Mais, alors que la première a été fréquentée dès le moyen âge à cause des sources thermales de Leukerbad (Loèche-les-Bains), le Lötschental est resté isolé, se suffisant en grande partie à lui-même. Les versants ombragés sont encore boisés mais sur les versants ensoleillés, à l'exception d'une fonction protectrice, la forêt a dû céder la place pour les besoins de l'agriculture de montagne, comme ici en haut de Blatten.

Valais

Matterhorn and Rhône Glacier, grapes, tomatoes, and tourists

Up to about two hundred years ago, the gentle traveller did an about turn at the latest in Aigle or Bex, as it seemed unwise at that time to venture out of the region then controlled by Bern into the unknown and inhospitable Valais. When "His Britannic Majesty's Privy Councillor and Professor of Moral Philosophy" Christoph Meiners was travelling in Switzerland in 1788, and, after lunching at Villeneuve, felt a desire to enter Valais in order to ride up the Great St Bernard Pass, his coachman refused "downright, because of the, in his opinion, unbearable uncleanliness of the inns in Lower Valais" to take his passenger to Sion (Sitten). In fact, the Lower Valaisans themselves were at that time regarded as enough to put off any tourist: they were considered to be not only dirty, ignorant, superstitious, and deceitful, but their region was reputed to teem with cretins with revolting goitres and monstrous bellies.
Upper Valais, normally approached via either the Furka or the Grimsel Pass, always had a considerably better reputation. But no matter what was said about the Valaisans, the general opinion on Valaisan scenery was that it was magnificent; here "in Valais, one sees all those rare and enchanting spectacles that high mountains can offer – at close quarters, and in great variety and splendour". The result was inevitable: the Valais soon became a favourite stamping ground for English alpinists. From the middle of the 19th century it was particularly the Matterhorn that exercised an irresistible attraction on climbers, and some of the local population soon

◂ Summery view of the Lötschental (Lonza Valley)
There are only two larger lateral valleys on the right-hand side of the Rhône Valley: the Dala Valley and Lötschental. While the Dala Valley was already popular in the Middle Ages, thanks to the thermal springs at Leukerbad, the Lötschental remained cut off and self-reliant. The shady slopes are still forested today, but on the sunny slopes – except where it has a protective function against earth and snow slides – the forest has had to give way to the needs of mountain farming – as here above Blatten.

derstehliche Anziehungskraft auf Kletterbegeisterte aus, und einige Einheimische, darunter die Seiler in Zermatt, merkten bald, dass aus den spleenigen und vermögenden Gästen dauerhaft Kapital zu schlagen war: Sie erwarben oder erbauten nacheinander die Hotels »Monte Rosa«, »Rhonegletscher« und »Zermatterhof«.
Das Wallis erlag allerdings damals noch nicht, wie das Berner Oberland, dem Fremdenverkehr; der Grösse des Wallis tat ein Zermatt mit seinen mehr als hundert Jahren Snob-Tourismus keinen Abbruch. Das allseits geschlossene, nur über Pässe oder durch die Thermopylen bei St-Maurice erreichbare Gebirgstal blieb sich und seiner Eigenart bis weit in die Mitte des 20. Jahrhunderts treu. Auch heute noch kann man eigentlich nur staunend und verwundert feststellen, dass es eine so souverän in sich selbst ruhende, gelassen-konservative, in Natur, Tradition und Katholizität gebettete Kultur eines ganzen Volkes noch gibt.
Das heisst wiederum nicht, dass das Wallis während Jahrhunderten in grossartiger Selbstisolation vor sich hingelebt und erst nach dem Zweiten Weltkrieg den Anschluss an die Neuzeit gefunden hätte. Das Wallis war schon immer Durchgangs- und Einwanderungsland, Sion/Sitten ist nachweislich seit der Jungsteinzeit (3500 v. Chr.) mehr oder weniger kontinuierlich besiedelt. Zur Eisenzeit leben verschiedene Keltenstämme im Tal, die um 25 v. Chr. von den Römern unterworfen werden, die sich so den Zugang zum Grossen St. Bernhard und zum Furkapass – und damit hinüber nach Rätien – sichern. Auf die Römer folgen im Unterwallis erst die Franken, dann die Burgunder; 888 gründet Rudolf I. in St-Maurice das zweite Burgunderreich, das ab dem 11. Jahrhundert im Herzogtum Savoyen aufgeht. Über den Grimselpass wird derweil das Goms durch einwandernde alemannische Bauern neu besiedelt, gegen 1200 liegt die Sprachgrenze beim Pfynwald fest. 1477 er-

tains Valaisans, dont les Seiler à Zermatt, comprirent très vite le parti que l'on pouvait tirer de ces hôtes spleenétiques et fortunés: ils achetèrent ou firent construire l'un après l'autre l'hôtel «Monte Rosa», le «Rhônegletscher» et le «Zermatterhof».
Mais, contrairement à l'Oberland bernois, le Valais ne fut pas, la fois-là, envahi par les touristes. Le Valais était assez grand pour ne pas avoir à pâtir de la célébrité de Zermatt et de ses cent ans de tourisme snob. Cette vallée entourée de montagnes, accessible uniquement par des cols ou par les «Thermopyles» près de Saint-Maurice, resta fidèle à son caractère jusqu'en plein milieu du XXe siècle. Et, même aujourd'hui, on est surpris de constater la survivance d'une culture aussi indépendante, empreinte d'un conservatisme placide, nourrie aux sources de la nature, des traditions et du catholicisme.
Cela ne veut pas dire pour autant que le Valais a vécu pendant des siècles dans un merveilleux isolement et n'est entré dans l'ère moderne qu'après la Deuxième guerre mondiale. De tout temps en effet cette région a été un lieu de passage et une terre d'immigration. Et il est prouvé que Sion a été habité avec plus ou moins de continuité depuis le néolithique (3500 av. J.-C.). A l'âge de fer, différentes tribus celtes occupent la vallée; vers l'an 25 av. J.-C., elles seront asservies par les Romains qui s'assureront ainsi l'accès au Grand-Saint-Bernard et au col de la Furka et de ce fait à la Rhétie. Dans le Bas-Valais, les Francs succèdent aux Romains, puis ce sont les Burgondes qui s'y installent; en 888, Rodolphe Ier fonde à Saint-Maurice le deuxième royaume de Bourgogne qui est absorbé au XIe siècle par le duché de Savoie. Dans le même temps, des paysans alamans venus par le col du Grimsel s'établissent dans la vallée de Goms (Conches) et vers 1200 la frontière linguistique se situe dans la forêt de Pfyn (Finges). En 1477, les évêques de Sion reprennent aux Savoyards le Bas-Valais qui

realized that the eccentric and wealthy visitors could become a reliable source of income: the Seiler family, for example, bought or built a succession of hotels: the "Monte Rosa", the "Rhônegletscher", and the "Zermatterhof".
But unlike the Bernese Oberland, Valais was not at that time swamped with tourists; Valais was large enough comfortably to absorb Zermatt, with its hundred years of snob tourism. This high valley, surrounded by mountains, and accessible only via passes or through the 'Thermopylae' near St Maurice, remained true to its own character until well into the middle of the 20th century. Today, we can only be amazed that such a supremely self-sufficient, easy-going conservative culture with its roots in nature, tradition, and Roman Catholicism, has succeeded in surviving.
This, however, does not mean that Valais slumbered away for centuries in a condition of splendid isolation and only entered the modern age after the second world war, for the region has always seen a great deal of transit traffic and has always attracted immigrants, and Sion (Sitten), for example, is known to have been more or less continuously settled since the New Stone Age (3,500 BC). The various Celtic tribes that inhabited the valley in the Iron Age were subjugated in about 25 BC by the Romans, who thus gained access to the Great St Bernard and Furka Passes and consequently also to Rhaetia. The Romans were followed by the Franks in Lower Valais and then by the Burgundians; in 888 Rudolf I founded the second Burgundian kingdom, which was absorbed by the Duchy of Savoy in the 11th century. In the meantime the Goms (Conches) Valley was newly settled by immigrating Alamannic peasants, and by about 1200 the language boundary, where German met French, was at Pfynwald (Forêt de Finges), to the east of Sierre.
In 1477 the Bishops of Sion reconquered

obern die Bischöfe von Sion/Sitten das Unterwallis von den Savoyern zurück, gleichzeitig wird das Unterwallis jedoch Vogtei der sieben Zenden des Oberwallis, das Untertanenverhältnis endet erst 1798. Die strategische Bedeutung des Grossen St. Bernhards und des Simplonpasses veranlassen Napoleon 1810, das Wallis aus der Helvetischen Republik herauszulösen und kurzerhand dem Kaiserreich als Provinz einzuverleiben. Und auch nach 1815, nach dem Beitritt des Wallis zur Eidgenossenschaft, kommt das Land nicht zur Ruhe: 1839/40 steht man knapp vor der Trennung des Kantons in zwei Sprachhälften, zur Zeit des Sonderbundkriegs (1847) stehen sich radikale und katholisch-konservative Kräfte schier unversöhnlich gegenüber.
Im übrigen unterscheiden sich nicht nur die beiden Hälften des Kantons wesentlich voneinander, auch die Talschaften führen ein ausgeprägtes Eigenleben, erklärbar unter anderem aus der Abgeschiedenheit zum Haupttal, die während Jahrhunderten wirtschaftlich zur Selbstversorgung zwang und zu politischer Autarkie führte. Als Walliser ist man somit in erster Linie einmal Gommer oder Lötschentaler, Evolèner oder Entremontagnier. Geeint und sicher aufgehoben fühlt man sich dagegen allenthalben im katholischen Glauben, in dessen Riten und im überkommenen Brauchtum, und einig ist man sich insbesondere in der ausgeprägten Skepsis gegenüber den Mit-Eidgenossen: Die »Uesserschwizer« und »Grüezeni« sind zwar hochwillkommen, wenn sie als Logiergäste Geld bringen oder Industriebetriebe ansiedeln, aber dreinreden lassen sich die Walliser höchst ungern, zu allerletzt von Bern. Gesetze zur Begrenzung des Rebareals und zur Eindämmung der Weinschwemme, allzu bindende Vorschriften in der Landesplanung, im Natur- und Heimatschutz und Restriktionen beim Verkauf von Grundstücken und Liegenschaften an Ausländer stossen regelmässig auf

devient en même temps un bailliage des sept districts du Haut-Valais, une sujétion qui ne prendra fin qu'en 1798. L'importance stratégique du Grand-Saint-Bernard et du col du Simplon amène toutefois Napoléon, en 1810, à détacher le Valais de la République helvétique pour le réunir à l'Empire français. Il forme alors le département du Simplon. Et, même après 1815, après l'entrée du Valais dans la Confédération helvétique, la région ne trouve pas la paix. En 1839/40, le canton est sur le point de se scinder en deux régions linguistiques et, en 1847, à l'époque de l'alliance des cantons catholiques (Sonderbund), les forces radicales et catholiques-conservatrices s'y affrontent impitoyablement.
Du reste, il n'y a pas que les deux moitiés du canton qui soient très différentes l'une de l'autre, les vallées également sont très individualisées, ce qui s'explique entre autres par le fait qu'elles ont été, pendant des siècles, coupées de la vallée principale et ainsi contraintes à vivre en économie fermée et en autarcie politique. Un Valaisan est donc tout d'abord et surtout un habitant de la vallée de Conches ou du Lötschental, d'Evolène ou du val d'Entremont. Mais tout ce monde se sent uni et en sécurité dans la foi catholique, ses rites et ses coutumes, et partage le même scepticisme à l'égard des autres Confédérés: ceux-ci sont certes les bienvenus lorsqu'ils apportent de l'argent comme vacanciers ou en implantant des entreprises industrielles mais les Valaisans n'apprécient guère que l'on se mêle de leurs affaires et surtout pas que le gouvernement de Berne s'en mêle: des interdictions sur l'extension des vignobles, pour freiner les excédents de vin, des réglementations trop strictes pour l'aménagement du territoire, la protection de la nature et de l'environnement et des restrictions pour la vente de terrains à bâtir et de propriétés à des étrangers se heurtent régulièrement à l'opposition des Valaisans qui s'entendent à les contourner habilement ou les ignorent tout simplement. De

Lower Valais from the Savoyards, but at the same time it became a bailiwick of the seven districts of Upper Valais, this period of subjection only coming to an end in 1798, when the region joined the newly-formed Helvetic Republic. However, the strategic importance of the Great St Bernard and Simplon Passes persuaded Napoleon to incorporate Valais into France in 1810. And even after 1815, when Valais joined the Swiss Confederation, the region did not find peace: in 1839/40 the Canton came close to separating into two halves along the language boundary, and was shaken by controversy again in 1847, when a league of separatist Catholic cantons known as the *Sonderbund* clashed with the Diet, which represented all the other cantons.
And it is not only the two halves of the canton which differ widely from each other – the inhabitants of each side valley also lead a distinctive life of their own, which is partly explained by the fact that for centuries they were largely cut off from the main valley and were thus forced to be economically self-reliant, and thus developed a degree of political independence. Thus a Valaisan is first and foremost a man of the Goms Valley, or of Lötschental (the Valley of the Lonza), of Evolène or of the Entremontagne. The principal source of unity and security throughout the region, however, is Roman Catholicism, with its rites and traditions, and a further source is the pronounced scepticism of the Valaisans with regard to all their fellow-Swiss: these are certainly welcome when they bring money into the region as holiday-makers, or as entrepreneurs, but the Valaisans are unwilling to accept any form of interference in their affairs, especially by the central government in Bern: restrictions on the extension of vineyards, regulations aimed at reducing the wine "lake", rules on country planning or on environmental matters or the preservation of the countryside, and restrictions in the sale of building plots and properties to foreigners are

Widerstand und werden denn auch listenreich umgangen oder schlicht ignoriert. Gelegentlich schlägt der Unmut über die Behörden auch spontan in Handgreiflichkeiten um, in einen Tomatenkrawall mit angezündeten Güterwaggons etwa oder in einen Handstreich auf italienische Weintransporte.
Das hat nur bedingt mit dem hitzigen Gemüt der Walliser und kaum etwas mit dem trokken-heissen Klima des mittleren und des Unterwallis zu tun, das man schon mit demjenigen der Provence und Spaniens verglichen hat. Die Unzugänglichkeit hängt viel eher zusammen »mit dem Sprung von einer fast mittelalterlich geschlossenen Selbstversorgungswirtschaft in das Industrie- und Dienstleistungszeitalter«, den das Wallis innerhalb von nur 40 Jahren vollzogen hat. Die Zeiten, da der Grossteil der Familien ausser etwas Zucker, Reis und Kaffee alles selber erzeugte, vom Roggenbrot über die Milch, den Käse, den Wein und das Trockenfleisch bis zur Wolle und zum Tuch, und man in ständigem Auf und Ab zwischen Hauptdorf, erstem und zweitem Maiensäss, Rebberg im Tal und Getreideäckern auf halber Höhe unterwegs war, diese Zeiten liegen noch nicht allzulange zurück. Den meisten reichte diese Form der Selbstversorgung knapp zum Leben, vielfach aber auch nicht, und so ist die Geschichte des Wallis auch eine Geschichte immer neuer Auswanderungswellen und Dienstnahme in fremden Armeen.
Dass es auch anders geht, dass man mit der Vergabe von Wasserrechtszinsen, mit dem Bau von Staudämmen, mit der Ansiedlung von Industrie und der Industrialisierung von Weinbau, Tomatenanbau und Pfirsichproduktion, vor allem aber mit dem Bau gigantischer Tourismusstationen und dem Verkauf von Zweitwohnungen relativ einfach und schnell zu viel Geld kommt, entdeckten die Walliser verhältnismässig spät, jedenfalls später als die meisten Mit-Eidgenossen in den anderen touristisch oder sonstwie ertrags-

temps à autre même le mécontentement à l'égard des autorités se manifeste plus ouvertement, on peut voir alors des wagons de tomates incendiés ou des transports de vin italien attaqués.
Cela n'a pas grand-chose à voir avec le tempérament fougueux des Valaisans et encore moins avec le climat chaud et sec du Valais central et du Bas-Valais que l'on a déjà comparé à celui de la Provence et de l'Espagne. L'irascibilité des Valaisans est plutôt due au «bond que le Valais a fait pour passer d'un système économique autarcique médiéval à l'ère industrielle et de services» en l'espace de 40 ans seulement. L'époque où la plus grande partie des familles produisaient, à l'exception d'un peu de sucre, de riz et de café, tout ce dont elles avaient besoin, du pain de seigle à la laine et au drap en passant par le lait, le fromage, le vin et la viande séchée et où l'on allait et venait continuellement entre le village principal, les premiers et deuxièmes pâturages de montagne, les vignes dans la vallée et les champs de céréales à mi-hauteur, cette époque n'est pas encore très lointaine. La plupart des habitants avaient ainsi à peine, souvent même pas de quoi vivre de sorte que l'histoire du Valais est aussi une histoire faite de vagues répétées d'émigration et d'enrôlement dans des armées étrangères.
Le fait qu'il pouvait en être autrement, qu'il était relativement facile de gagner beaucoup d'argent en peu de temps en cédant des droits de prise d'eau, en construisant des barrages, en attirant des entreprises industrielles et en industrialisant la production vinicole, la culture des tomates et la production des pêches, mais surtout en créant d'immenses centres touristiques et en vendant des résidences secondaires, c'est là une chose que les Valaisans découvrirent relativement tard, en tout cas plus tard que la plupart des autres Suisses qui vivent dans les autres régions touristiques ou autrement exploitables du pays. A présent que leur situation s'est enfin amélio-

regularly met with opposition and are often craftily avoided or simply ignored. Every now and then dissatisfaction with the authorities leads to more physical forms of protest, such as tomato riots, when railway trucks may be burnt, or attacks on Italian wine tankers.
This has little to do with the hot-blooded character of the Valaisans, and even less with the hot, dry climate of Central and Lower Valais – which has been compared with that of the Provence and Spain. No – the main reason for Valaisan irascibility is certainly the "leap from the condition of an almost medieval, self-contained and self-sufficient economy to one based on the manufacturing and services industries", which Valais has brought off in a matter of only 40 years. The times when most families produced (apart from a little sugar, rice, and coffee) everything they needed, ranging from rye bread to milk, cheese, wine, meat (dried for the winter), wool, and cloth, and were constantly on the move between the main village, the first and second level of mountain meadows, the vineyards in the valley, and the grainfields half way between – these times are not so remote. Most people could survive frugally in this way, but there was not always enough for everyone, and so the history of Valais is also a history of repeated waves of emigration and of the young men signing on for service in foreign armies.
The fact that there was an alternative in the form of leasing water rights, building dams, attracting industrial ventures, the industrialization of wine, tomato and peach production, and especially in the creation of huge tourist facilities and the sale of holiday apartments, all of which enabled money to be made relatively simply and quickly, was discovered by the Valaisans rather late – at least in comparison to most of the Swiss who lived in the other parts of the country that lent themselves to this kind of exploitation. Now that their situation has improved at last, the Valaisans

▲ **Stauseeanlage auf dem Griespass**
Schon immer lag vor der Zunge des Griesgletschers ein kleiner See, dessen Wasserspiegel jedoch durch den Bau einer Staumauer um rund 50 Meter angehoben wurde. Rund 500 Meter tief stürzt das Wasser von hier hinunter zum Kraftwerk Aegina. Dem Bau der Anlage verdanken das Wallis und das Tessin im übrigen den Ausbau der Passstrasse über den Nufenen, mit 2478 Metern nicht nur der höchste befahrbare Pass, sondern auch der einzige, der eine direkte Verbindung zwischen dem Oberwallis und dem Bedrettotal – und damit dem Tessin – gewährleistet.

▲ **Lac de retenue sur le col du Gries**
Il y a toujours eu un petit lac en dessous de la langue du glacier de Gries mais le niveau de ses eaux a été relevé de 50 mètres environ par la construction d'un barrage. L'eau fait ici une chute de 500 mètres jusqu'à la centrale électrique d'Aegina. A la satisfaction du Valais et du Tessin, la construction du barrage a également entraîné l'élargissement de la route du col du Nufenen (2478 m) qui est non seulement le plus haut col praticable de Suisse mais aussi la seule communication directe entre le haut Valais et le val Bedretto.

▲ **Reservoir on Gries Pass**
There was always a small lake beneath the snout of the Gries Glacier, but its water level was raised by approximately 160 ft by the building of a dam. From here, the water drops over 1,600 ft to the Aegina Power Station below. The building of this dam also entailed the improvement of the road across the Nufenen Pass (at 8,130 ft the highest Swiss pass road for motor vehicles), a move that was welcomed because it forms the only direct connection between Upper Valais and the Bedretto Valley, and thus with Ticino.

trächtigen Regionen der Schweiz. Jetzt, da es ihnen endlich besser geht, verstehen es die Walliser darum nur schlecht, wenn man ihnen dies bereits wieder zum Vorwurf zu machen scheint, wenn man sie, wie der Walliser Schriftsteller Maurice Chappaz dies tut, zu »Zuhältern des ewigen Schnees« erklärt und schonungslos ins Gericht geht mit den »Realisten«, die es für ihre Lebensaufgabe halten, dem angeblich rückständigen Wallis den Anschluss an ein imaginäres Weltniveau zu verschaffen. Da ist nur zu hoffen, dass die Walliser am Ende »Realos« genug sind, um zu spüren, dass der gewaltsame Sprung in die Moderne letztlich just die Traditionen und eine Kulturlandschaft eigener Prägung zerstört, deretwegen das Wallis bei aller Kantigkeit seiner Bewohner so attraktiv ist.

rée, les Valaisans ont du mal à comprendre qu'on semble leur tenir rigueur de leur attitude, qu'on les taxe d'être, comme l'a dit l'écrivain valaisan Maurice Chappaz, «les souteneurs des neiges éternelles» et qu'on blâme les «réalistes» qui estiment de leur devoir d'élever le Valais soi-disant arriéré à un niveau mondial imaginaire. Il faut seulement espérer qu'en fin de compte les Valaisans seront suffisamment réalistes pour comprendre qu'un grand bond dans l'ère moderne pourrait finalement détruire ces traditions et ce paysage si typique qui font du Valais une région si attirante.

find it hard to understand when they are blamed for following the general trend, and especially when they are accused, as they have been by the Valaisan writer Maurice Chappaz, of being the "pimps of the eternal snows", and when the "realists" among them are taken to task for insisting that what they regard as a backward region should catch up with some imaginary international standard. It is only to be hoped that in the end the Valaisans are realistic enough to realize that the great leap into the modern age may ultimately destroy precisely those traditions and the characteristic countryside that make Valais so attractive.

▶ **Das Walliser Breithorn im Abendlicht**
Zwischen dem Matterhorn und der Dufourspitze erhebt sich als einer der eindrucksvollsten Gipfel des Wallis das Walliser Breithorn (4164 m), gleich acht Gletscher fliessen vom Breithorn in die umliegenden Täler: der Obere und Untere Theodulgletscher (Bild), der Kleinmatterhorngletscher, der Breithorn- und der Schwärzegletscher auf Schweizer Seite und die Gletscher von St. Theodul, Valtournanche, Aventina und Verra auf italienischer Seite. Das Breithorn ist relativ leicht zu besteigen, kann aber auch bequem vom Gornergrat aus besichtigt werden.

▶ **Le sommet du Breithorn dans le Valais au crépuscule**
Le Breithorn valaisan (4164 m), un sommet impressionnant, se dresse entre le Cervin et la Pointe Dufour. Pas moins de huit glaciers descendent du Breithorn dans les vallées avoisinantes: les glaciers supérieur et inférieur du Théodule (photo), le glacier du Petit Cervin et les glaciers du Breithorn et du Schwärze du côté suisse, et les glaciers de St.-Théodule, Valtournanche, Aventina et Verra du côté italien. L'ascension du Breithorn est relativement facile mais on peut également le voir confortablement du Gornergrat.

▶ **The Breithorn peak in Valais at sundown**
The Breithorn (13,661 ft), rising between the Matterhorn and Dufourspitze, is one of the most impressive peaks in Valais. No less than eight glaciers flow down from Mt Breithorn into the surrounding valleys: the Upper and Lower Theodul Glaciers (picture), the Kleinmatterhorn Glacier, and the Breithorn and Schwärze Glaciers on the Swiss side, and the St Theodul, Valtournanche, Aventina, and Verra Glaciers on the Italian side. Breithorn is relatively easy to climb, but can also be viewed comfortably from below from the Gorner Ridge.

◆ Zeugen traditioneller Wirtschaftsformen im Lötschental
Im Rahmen der Selbstversorgungswirtschaft, wie sie im Lötschental bis lange in dieses Jahrhundert hinein betrieben wurde, bestand angesichts der mageren Böden der Zwang, auch das letzte Fleckchen zu nutzen: Auf Maiensässen wie Kühmatt mit seinen steinplattenbedeckten Heustadeln wurde sommers nicht nur das Vieh aufgetrieben, man versorgte hier auch das anfallende Heu für den Winter. Die Holztür zur Kapelle Mariä Heimsuchung in Kühmatt (links) dürfte wohl von einem einheimischen Künstler geschaffen worden sein. Die nach aussen hin unscheinbare Kapelle, 1654 für den sonntäglichen Gottesdienst auf der Alp errichtet, ist in ihrem Inneren reich ausgestattet.

◆ Formes d'agriculture traditionnelles dans le Lötschental
Dans le Lötschental où prévalut jusque bien avant dans notre siècle une économie fermée, il fallait, compte tenu de la pauvreté du sol, exploiter le moindre coin de terre: dans les pâturages comme ici à Kühmatt, on faisait non seulement paître le bétail en été mais on engrangeait également le foin pour l'hiver dans les granges aux toits de pierre.
La porte en bois de la chapelle de la Visitation à Kühmatt (à gauche) est certainement l'œuvre d'un artiste local. La chapelle d'un aspect extérieur modeste, qui fut érigée en 1654 pour le service dominical sur l'alpage, est richement décorée à l'intérieur.

◆ Traditional forms of agriculture in the Lötschental
The poor quality of the soil, coupled with the necessarily self-sufficient economy of the Lötschental, which continued well into the present century, entailed the use of every scrap of ground: pastures such as these at Kühmatt were used for summer grazing, and hay was stored for the winter in the typical stone-roofed huts. The wooden door to the Chapel of the Visitation of Our Lady at Kühmatt (left) was no doubt made by a local artist. The Chapel, with its simple exterior, which was built in 1654 for Sunday services during the summer on the upland pastures, has a richly ornamented interior.

◀▼ Leben in einer kleinen Welt für sich
Die Täler, die auf der rechten Seite des Rhonetals abgehen, führen heute noch ein Eigenleben. Bis zum Zweiten Weltkrieg waren sie weitgehend autark. Ständig auf der Wanderung zwischen Hauptdorf, wo Getreide angebaut wurde, den Rebbergen im Tal und den Maiensässen hoch oben, versorgten sich die Bewohner mit Wein, Brot, Milch, Käse und Fleisch selbst. Jeder Ballen Heu wurde im Herbst sorgfältig eingebracht, wie das hier und dort heute noch der Fall ist, gebaut wurde aus Platzmangel auf engstem Raum, wie in Grimentz im Val d'Anniviers (links).

◀▼ La vie dans un petit monde clos
Les vallées transversales du Rhône mènent aujourd'hui encore une vie à part. Jusqu'à la Deuxième Guerre mondiale, elles ont vécu en grande partie en régime d'autarcie. Constamment en route entre le village principal, les vignobles et les hauts pâturages, les habitants produisaient eux-mêmes leur nourriture. Chaque balle de foin était soigneusement engrangée comme c'est encore le cas aujourd'hui en certains endroits; par manque de place, les constructions étaient étroitement serrées les unes contre les autres comme à Grimentz dans le val d'Anniviers (à gauche).

◀▼ Life in a small self-reliant world
The valleys on the right-hand side of the Rhône Valley still lead a life of their own. They were largely autarch right up to the second world war. Constantly on the move between the main village, where the grain was grown, the vineyards lower down the valley, and the summer pastures higher up, the people here produced their own staples. Every bale of hay was carefully stored in autumn – and still is in some places today; the buildings were placed very close together as here at Grimentz in the Val d'Anniviers (left) so as not to waste the small amount of available farming land.

Zeugen einer reichen kulturellen Vergangenheit
Die ländlich-archaischen Züge, die das Wallis auch heute noch aufweist, sind eins, die Geschichte ist etwas anderes: Der schon früh besiedelte Kanton ist reich an kulturgeschichtlich bedeutsamen Werken, wie dem Reliquienschrein der Kinder des heiligen Sigismund im Kloster St. Maurice (12. Jahrhundert), den anthropomorphen Stelen (2200 v. Chr.), dem spätgotischen Altar in der Pfarrkirche Mariä Himmelfahrt in Glis und der Orgel – einer der ältesten der Welt (14. Jahrhundert) – in der Stiftskirche Notre-Dame.

Un riche passé culturel
Les traits ruraux archaïques que présente aujourd'hui encore le Valais sont une chose, l'histoire en est une autre: colonisé très tôt, ce canton est riche en monuments culturels et œuvres d'art comme les châsses dites des Enfants de saint Sigismond dans l'abbaye de St.-Maurice (XIIe siècle), la stèle anthropomorphe (2200 av. J.-C.), l'autel en gothique tardif de l'église paroissiale de Glis et l'orgue – l'un des plus anciens du monde (XIVe siècle) – dans l'église de Valère (ancienne cathédrale Notre-Dame) à Sion.

A rich cultural past
The archaic rural traits that still characterize Valais today are one thing, history is another: this canton, settled at an early date, is rich in important cultural monuments and artefacts such as the reliquary of the children of St Sigismond in the Abbey of St Maurice (12th century), anthropomorphous stelae (2,200 BC), the late-Gothic altar in the Glis parish church, and the organ – one of the world's oldest (14th century) – in the Church of Notre-Dame at Sion.

◀▶ Erdpyramiden bei Euseigne und Gletschertisch auf dem Gornergletscher
Da, wo sich das bei Sion ins Rhonetal mündende Nebental ins Val d'Hérens und ins Val d'Hérémence verzweigt, erheben sich Termitenhügeln vergleichbare Gesteinsstrukturen: die Erdpyramiden von Euseigne. Das Ausgangsmaterial für diese Pyramiden lieferten während der letzten Eiszeit die beiden Talgletscher, die sich bei Euseigne vereinigten und dort Moränenmaterial deponierten. Nach ihrem Rückzug setzte die Erosion ein, Regenwasser schwemmte das weichere Gestein weg. Nur dort, wo grössere Felsbrocken die vertikale Erosion verhinderten, blieben Türme aus Moränenmaterial stehen. Nach dem gleichen Prinzip – nur hier unter dem Einfluss der Sonne – entstehen und vergehen auch Gletschertische.

◀▶ Les pyramides d'Euseigne et une table de glacier sur le glacier de Gorner
A l'endroit où la vallée latérale, qui entre dans la vallée du Rhône près de Sion, se divise pour former le val d'Hérens et le val d'Hérémence, des colonnes de roche se dressent, semblables à des termitières. La matière dont sont formées ces cheminées de fée date de la dernière période glaciaire où les deux glaciers de vallée, qui se sont rejoints à Euseigne, ont déposé leurs moraines. Après le recul des glaciers, l'érosion est intervenue et la pluie a emporté la roche moins dure à l'exception des endroits protégés par des blocs qui coiffent maintenant des piliers. Les tables de glacier ont été formées d'après le même principe – mais ici sous l'influence du soleil.

◀▶ The "Pyramids of Euseigne" and glacier table on the Gorner Glacier
At the point where the side valley which enters the Rhône Valley near Sion divides to form the Val d'Hérens and the Val d'Hérémence, rise the earth pillars of Euseigne, like immense termite mounds. The material of these pillars dates back to the last Ice Age, when the two valley glaciers which joined at Euseigne deposited their moraines. When the glaciers had retreated, erosion set in, and rain washed away the surface of the glacial till – except in those places protected by boulders, which are left perched on pillars. Glacier tables are a related phenomenon – but here it is the sun which melts away the ice surrounding a boulder, leaving it standing on a pedestal of ice.

◀ **Das Matterhorn, vom Mettelhorn aus gesehen**
Vom 3406 Meter hohen Mettelhorn geniesst man einen der eindrucksvollsten Ausblicke auf das Matterhorn (4478 m). Die Pyramide verdankt ihre Form der Erosion, wobei das harte, kristalline Gestein den zersetzenden Kräften von Wasser und Eis besonders grossen Widerstand entgegensetzte und vielfach vertikal abgesplittert wurde. Berühmt wurde das Matterhorn vergleichsweise spät, erst 1865 fand seine Erstbesteigung und damit der Aufstieg Zermatts zum Weltkurort statt.

▶ **Die Kirchen- und Festungshügel von Sitten**
Die Felsen Tourbillon und Valeria im Rhonetal dienten schon in der Jungsteinzeit als sichere Zufluchtsorte. Das heute weitgehend zerstörte Schloss mit der zinnenbewehrten Ringmauer entstand gegen 1294, das Schloss und die Stiftskirche Notre-Dame-de-Valère auf dem gegenüberliegenden, niedrigeren Felsen gehen auf das 12. Jahrhundert zurück. Das Schloss ist heute ein Museum, eines der vielseitigsten der Schweiz übrigens.

◀ **Le Cervin vu du Mettelhorn**
Le Mettelhorn (3406 m) offre une des vues les plus impressionnantes sur le Cervin (4478 m). Ce sommet doit sa forme de pyramide à l'érosion, la roche dure, cristalline ayant opposé une résistance particulièrement grande aux forces destructrices de l'eau et de la glace et s'étant fendue en bien des endroits de façon verticale. Le Cervin est devenu célèbre relativement tard; sa première ascension n'eut lieu qu'en 1865, un événement qui allait entraîner le développement de Zermatt comme station de montagne de renommée mondiale.

▶ **Les collines jumelles de Sion**
Les collines de Tourbillon et Valère, dans la vallée du Rhône, servirent dès le néolithique de lieu de refuge. Le château de Tourbillon, en grande partie en ruine, avec son mur d'enceinte crénelé, fut construit vers 1294; le château et la collégiale Notre-Dame de Valère sur la colline moins haute en face datent du XIIe siècle. Le château est aujourd'hui un musée historique qui contient l'une des collections les plus variées de Suisse.

◀ **The Matterhorn, seen from Mettelhorn**
With an altitude of 11,175 ft, Mt Mettelhorn, on the left side of the Matter Valley, provides one of the most impressive views of the Matterhorn (14,692 ft). This peak also owes its pyramidal shape to erosion: the hard, crystalline rock has a highly resistant surface, but much of it has been split away in vertical chunks. The Matterhorn was discovered, and achieved fame, relatively late: the first ascent did not take place until 1865. The event ended tragically, but it initiated the world renown of Zermatt as a mountain resort.

▶ **The twin hills of Sion, crowned by church and fortress**
The rocky hills Tourbillon and Valeria in the then swampy and pathless Rhône Valley no doubt served as places of refuge for Neolithic man in around 3500 BC, and were later the site of Celtic settlements. The castle of Tourbillon, now largely in ruins, with its battlemented curtain wall, was built in about 1294, while the castle and church of Notre-Dame-de-Valère on the lower hill, date back to the 12th century. This castle is now a museum – with one of the most varied collections in Switzerland.

Genfer See und Umgebung

Die Westschweiz von ihrer anziehendsten Seite

Wären da nicht die Namensschilder und die Ortsbeschriftungen, die unvermuteten Übergänge von Kleinguschelmuth zu Courtaman, von St. Ursen zu Pierrafortscha, man würde auf einer Fahrt in die Westschweiz kaum spüren, wo das dcutsche Sprachgebiet endet und das welsche anfängt. Die Landschaft jedenfalls kann die Grenzziehung nicht erklären, und wenn es, was Danton als erster als Behauptung in die Welt setzte, »natürliche Grenzen« gäbe, dann müssten sie der Aergera und weiter oben dem Plasselbschlund, ab Fribourg dann der Sarine oder Saane entlang verlaufen, was aber de facto nur bis Kleingurmels geschieht, wo die Sprachgrenze zur Westschweiz gleichsam nach links wegkippt und dem Deutschen mehr Raum lässt. Andererseits: Fährt man von Basel nur wenige Kilometer in Richtung Südwesten, befindet man sich bereits nach einer halben Stunde im französischen Sprachraum des Kantons Jura. Wobei dieser Sprachraum wiederum nicht exakt derselbe ist, den man hinter Fribourg oder am Murtensee erreicht, denn die Westschweiz ist sprachlich keine Einheit. Grundlage dessen, was in den verschiedenen Regionen der Romandie gesprochen wurde und heute wieder vermehrt auch wird, ist zunächst einmal das auch von den Rätoromanen benutzte Vulgärlatein, das sich mit keltischen, burgundischen und alemannischen Elementen vermengte. Im Süden der Westschweiz ergab das Dialekte, die sich eher dem Frankoprovenzalischen näherten, im Norden waren die ostfranzösischen Sprachfärbungen der Freigrafschaft prägend. Auch das Französi-

◂ **Blick vom Jura auf die Savoyer Alpen**
Am unteren Ende des Genfer Sees nähern sich Jura und Alpen bis auf wenige Kilometer, das schweizerische Mittelland schrumpft auf einen schmalen Streifen zusammen und fällt dann als Küstensaum zum Genfer See hin ab. Dieser geologischen Konstellation verdankt man es, dass man von den Jurahöhen des Waadtlands über die Côte hinweg nach Frankreich hinüber in die Savoyer Alpen mit dem dominierenden Mont Blanc blicken kann und gleichzeitig den Französischen Jura im Rücken hat.

Le lac Léman et ses environs

La Suisse de l'Ouest sous son plus bel aspect

N'étaient-ce les plaques et les panneaux indicateurs pour signaler les passages inattendus de Kleinguschelmuth à Courtalman, de St.-Ursen à Pierrafortscha, par exemple, on ne remarquerait pratiquement pas, en traversant la Suisse de l'Ouest, où finit la région germanophone et où commence la Suisse francophone. Le paysage en tout cas ne fournit pas d'explication pour le tracé de cette frontière et s'il existait ce que Danton fut le premier à appeler une «frontière naturelle», elle devrait alors suivre l'Aergera, et plus en haut le Plasselbschlund, puis à partir de Fribourg la Sarine ou Saane mais en fait jusqu'à Kleingurmels seulement, là où la frontière linguistique avec la Suisse occidentale bifurque à gauche, laissant plus de place pour l'allemand. D'un autre côté, si, à partir de Bâle, on roule quelques kilomètres seulement en direction du sud-ouest, on se trouve déjà, au bout d'une demi-heure, dans le canton francophone du Jura. Mais cette région linguistique n'est pas la même que celle que l'on trouve derrière Fribourg ou le lac de Morat (Murten) car, au plan linguistique, la Suisse occidentale ne constitue pas une unité. La base de ce qui fut parlé autrefois, et est de plus en plus parlé aujourd'hui, est le latin populaire, également utilisé par les rhéto-romans, qui s'est mélangé avec des éléments celtes, bourguignons et alémaniques. Dans le sud de la Suisse de l'Ouest, cela a donné des dialectes qui ressemblent au provençal, dans le nord des parlers teintés de français de l'est. Le français également, qui à partir du XIIIe siècle, a commencé à s'affirmer comme langue officielle, administrative,

◂ **Vue du Jura sur les Alpes de Savoie**
A l'extrémité inférieure du lac Léman, le Jura et les Alpes ne sont plus éloignés que de quelques kilomètres l'un de l'autre, le Plateau suisse se réduit à une bande étroite et s'abaisse pour former la rive du lac Léman. Cette constellation géologique permet à quiconque se trouve sur les hauteurs du Jura dans le pays de Vaud, le dos tourné au Jura français, de contempler, au-delà de la Côte, la région de France où se dressent les Alpes de Savoie dominées par le sommet du Mont Blanc.

Lake Geneva and its surroundings

West Switzerland at its most beautiful

If it were not for the signs giving place names, for the sudden transitions (from Kleinguschelmuth to Courtaman, for example) there would be scarcely any indication when driving into West Switzerland of where the German-speaking region ends and the French begins. The contours of the countryside at any rate provide no obvious explanation for the position of the boundary, and if there were such a thing as a "natural border", as first suggested by Danton, then it would surely follow the more clearly defined natural divisions such as ridges or rivers – as indeed it does in the case of the River Sarine (or Saane), though even here it does not do so consistently, as the linguistic border suddenly deserts the river at Kleingurmels, and moves across to the left, leaving more room for the German language. On the other hand, if one drives only a few miles southwest from Basle one is in the French-speaking Canton Jura in half an hour – although this linguistic area is again not exactly the same as the one behind Fribourg or along Lake Murten. The basis of what was once spoken (and now is increasingly so again) in the various regions of 'Romandie' was first of all the vulgar Latin also used by the Rhaeto-Romance speakers, which was then mixed with Celtic, Burgundian, and Alamannic elements. In the south of West Switzerland the resulting dialects resembled Franco-Provençal, while in the north the east-French colouring dominated. French, too, which began to assert itself as the official, administrative, church, and school language from the 13th century onwards, and gradually

◂ **View from the Jura of the Savoy Alps**
At the lower end of Lake Geneva the Jura and the Alps approach to within a few miles of each other; here, the Swiss Central Plateau, reduced to a narrow strip, slopes downwards to form the shore of Lake Geneva. This makes it possible for someone standing on the Jura heights in the Vaud, with his back to the French Jura, to look across the Côte, with its vineyards and little lakeside towns, into another part of France where the Savoy Alps rise, dominated by the famous Mont Blanc peak.

sche, das sich vom 13. Jahrhundert an als Amts-, Verwaltungs-, Kirchen- und Schulsprache durchzusetzen begann und die Dialekte allmählich überlagerte, nahm regionale Färbungen an und entwickelte Unterschiede. Noch heute gilt, dass man im Neuenburgischen Französisch lernen sollte, wenn man in Frankreich und erst recht in Paris nicht sofort als Provinzler erkannt werden will.
Allenfalls kann man von der Westschweiz als geographischer Grösse oder von der französischsprachigen Schweiz sprechen – die Romandie, das Welschland oder wie immer man das Gebilde benennen will, gibt es nicht, jedenfalls nicht als geschlossene Einheit. Der Kanton Jura etwa und das Unterwallis sind zwar beide mehrheitlich katholisch und durchweg französischsprachig, aber im eher sozialdemokratisch-progressiv gestimmten und nach Paris orientierten Jura fände eine reaktionär-katholische Bewegung wie diejenige des exkommunizierten französischen Erzbischofs Lefebvre, der im Wallis eine breite Anhängerschaft hat, kaum Platz. Sprache und Konfession können andererseits auch Berührungspunkte bilden: Dass die deutschsprachigen katholischen Oberwalliser im ebenfalls katholischen, zweisprachigen Fribourg studieren, hat Tradition und überrascht eigentlich niemanden. Andererseits bestehen zwischen dem calvinistischen Genf und dem katholischen Wallis seit Jahren enge Verbindungen wissenschaftlicher Art, das Wallis ist recht eigentlich eine Domäne der Genfer Archäologie. Ausserdem sind das Wallis und das französische Savoyen für die Genfer nicht nur Naherholungsgebiete, sondern auch Regionen volks- und völkerkundlichen Interesses. Auf den knochentrockenen und extrem nüchternen Calvinismus übt die magisch-archaische, barock-irrationale Glaubenswelt des alpin-abgekapselten Katholizismus offenbar eine eigentümliche Faszination aus, was sich immer wieder in Ausstellungen des Musée d'Ethnographie in Genf manife-

comme langue de l'Eglise et langue scolaire, et a peu à peu supplanté les dialectes, a pris des colorations régionales et a commencé à se diversifier. Aujourd'hui encore, on prétend qu'il faut apprendre le français dans la région de Neuchâtel si l'on ne veut pas être reconnu immédiatement comme un provincial en France, et plus encore à Paris.
On peut tout au plus parler de la Suisse de l'Ouest comme d'une étendue géographique, ou de la Suisse francophone, car la Romandie en tant qu'unité homogène n'existe pas. Ainsi, le canton du Jura par exemple, et le Bas-Valais sont certes tous deux à majorité catholique et tout à fait francophones mais, dans le Jura plutôt social-démocrate, à tendance progressiste et orienté sur Paris, un mouvement catholique réactionnaire tel que celui dirigé par l'archevêque excommunié, Mgr. Lefebvre, qui dans le Valais compte de nombreux adeptes, serait difficilement concevable ici. D'un autre côté cependant, la langue et la confession peuvent forger des points communs: le fait que les catholiques de langue allemande du Haut-Valais fassent leurs études à Fribourg, également catholique et bilingue, est de tradition et ne surprend personne. Par ailleurs, il existe depuis des années des liens scientifiques étroits entre Genève, la calviniste et le Valais catholique qui est en fait un domaine de l'archéologie genevoise. En outre, pour les Genevois, le Valais et la Savoie française ne sont pas seulement des régions d'excursion, ils s'y intéressent également d'un point de vue folklorique et ethnologique. Le côté magique, archaïque, l'irrationalité baroque d'un catholicisme alpin replié sur soi-même exerce à l'évidence une fascination particulière sur le calvinisme austère et sévère, un fait que soulignent chaque fois les expositions du Musée d'ethnographie à Genève. D'un autre côté, bien qu'également francophones et protestants, les gens de Neuchâtel, avec leur mentalité d'instrument de précision et d'horloger et les fermiers d'un tempérament plutôt

overlaid the dialects, took on regional overtones and began to ramify. It is still held today that it is necessary to learn French in the Neuchâtel area if one does not wish to be immediately recognized in France, and especially in Paris, as a provincial.
It is just about possible to speak of West Switzerland as a geographical unit, or of French-speaking Switzerland, provided one bears the diversity in mind. Canton Jura, for example, and Lower Valais both have a Catholic majority and are French-speaking throughout, but in the more social-democratic and progressively-minded Jura, which is orientated more on Paris, a reactionary Catholic movement such as the one led by the excommunicated French Archbishop Lefebvre would hardly be imaginable, although he has a broad following in Valais. But language and faith can of course also forge links: it is a tradition, and surprises no one, that the German-speaking Catholics from Upper Valais should study in Catholic, bi-lingual Fribourg. On the other hand there are long-standing connections in the field of science between Calvinist Geneva and Catholic Valais, and Valais is a domain of Genevan archaeology. Furthermore, the Genevans do not regard Valais and the French Savoy only as excursion areas, but also take a folkloristic and ethnological interest in them. The arcane magic, the irrational Baroque quality of encapsulated alpine Catholicism, evidently exercises a strange fascination on the adherents of the bone-dry, extremely sober Calvinist faith, a fact which is emphasized again and again in exhibitions at the Musée d'Ethnographie in Geneva. On the other hand, although they are both French-speaking and Protestant, the people of Neuchâtel, with their precision-instrument and clock-making mentality, and the rather slow-moving farmers in the corn country of the Gros-de-Vaud take scarcely any interest in each other. All these fine distinctions are scarcely registered by outsiders, especially as

stiert. Kaum aneinander interessiert, obwohl beide französischsprachig und protestantisch, sind dagegen die Neuenburger Jurassier mit ihrer Feinmechaniker- und Uhrmachermentalität und die eher bedächtigen Grossbauern im Kornland des Gros-de-Vaud.
All diese feinen Unterschiede fallen Aussenstehenden um so weniger auf, als sich aus deutschschweizerischer Sicht die Westschweiz ohnehin auf den schmalen Küstenstreifen des Lac Léman reduziert, der sich von Villeneuve bis hinunter nach Genf erstreckt. Denn so richtig in der Fremde, in einem anderen Land, fühlt man sich erst in dem Augenblick, da man bei Puidoux in den Tunnel einfährt und dann über Epesses unvermittelt mitten in eine Mittelmeerlandschaft hineingerät – oder in das, was man sich darunter so vorstellt. Der Genfer See ist längst Literatur und durch Ferdinand Hodler auch Kunstgeschichte geworden. Seit Jean-Jacques Rousseau als erster den See »zum Heulen schön« fand, gibt es dazu kaum mehr etwas zu sagen, Hodlers monochrom verhaltene Bilder durchdringen seherisch den Dunst, der meist über dem Wasser liegt und machen die Intensität der Weite spürbar, die keine Kamera und kein Farbfilm einfängt. Im übrigen ist man ja nicht zum Photographieren, sondern primär einmal zum Leben da und zum Geniessen. Eine erste solide Grundlage dazu schufen römische Kriegsveteranen, die sich am See niederliessen, das Land bebauten und den Weinbau einführten. Mit nachhaltigem Erfolg: Noch heute weist die Waadt nach dem Wallis die grösste Weinbaufläche der Schweiz auf, die terrassierten Abhänge des Lavaux und die Rebpflanzungen an der Côte prägen nach wie vor das Landschaftsbild, auch wenn Tourismus, Industrie, Dienstleistungen und Schulen wirtschaftlich heute wichtiger sind als der Weinbau und bereits rund die Hälfte aller Waadtländer in der Agglomeration Lausanne wohnen. Nimmt man die Küste von Villeneuve bis Nyon, so leben gar zwei Drittel aller

indolent de la région céréalière du Gros-de-Vaud ne s'intéressent pas beaucoup les uns aux autres.
Les étrangers ne remarquent guère ces distinctions ténues d'autant que, du point de vue des Suisses allemands, la Suisse de l'Ouest se réduit de toute façon à l'étroite bande côtière du lac Léman qui s'étend de Villeneuve jusqu'à Genève. Ceux-ci ne se sentent vraiment dans un autre pays que lorsqu'ils entrent dans le tunnel près de Puidoux et qu'ils arrivent, via Epesses, au coeur d'un paysage méditerranéen.
Le lac Léman est entré depuis longtemps dans la littérature et, grâce à Ferdinand Hodler, dans le domaine de l'art. En fait, depuis que Jean-Jacques Rousseau a été le premier à trouver le lac beau à pleurer, il n'y a plus grand-chose à dire à son sujet alors que les peintures aux tonalités monochromes et pâles de Hodler percent la brume qui recouvre habituellement la surface de l'eau et expriment son étendue d'une manière que ne pourrait le faire un appareil photo ou un film en couleur. D'ailleurs, le but n'est pas de photographier le paysage mais de le vivre et de le savourer. Les vétérans de la guerre romains ont travaillé en ce sens, qui se sont établis au bord du lac, ont cultivé la terre et introduit la vigne. Avec un succès durable car, de nos jours, le canton de Vaud est, après le Valais, la deuxième région viticole de la Suisse, les versants cultivés en terrasses du Lavaux et les vignobles le long de la Côte continuent de donner au paysage un caractère particulier même si le tourisme, l'industrie, le secteur des services et les écoles sont, sur le plan économique, plus importants aujourd'hui que la production viticole et qu'environ la moitié déjà de la population du canton de Vaud habite dans l'agglomération de Lausanne. Si l'on prend la côte de Villeneuve à Nyon, deux tiers de tous les Vaudois habitent en fait dans cette bande côtière très étroite par endroits. Cet afflux de population n'est certes pas resté

from the point of view of German-speaking Swiss, for example, West Switzerland is limited to the narrow area along the shore of Lake Geneva which runs from Villeneuve down to the city of Geneva. For they only really feel that they have arrived in an exotic land at the moment when they enter the tunnel near Puidoux and then via Epesses suddenly emerge into a Mediterranean-style landscape.
Lake Geneva has long since been immortalized in literature, and by Ferdinand Hodler, in art. Indeed, since Jean-Jacques Rousseau's enthusings, there is nothing much left to say, while Hodler's restrained monochrome paintings pierce the haze that usually lies over the surface of the lake, and reproduce the expansiveness in a way that no camera or colour film can do. In any case the main point is not to photograph this countryside, but to experience and enjoy it.
A first solid foundation for this principle was provided by Roman war veterans who settled along the lake, cultivated the land, and introduced the vine – with enduring success: today the Vaud is still the second largest wine-producing area in Switzerland after Valais, and the terraced slopes of Lavaux and the vineyards along the Côte still give the countryside its character, even if tourism, industry, service industries, and schools are now commercially more important than wine-production and about half of all the population of Vaud lives in the Lausanne conurbation. Indeed, two thirds of all the Vaudois today live in this in parts very narrow area along the lake from Villeneuve to Nyon. This shift of population has not failed to have its effect on the structure of the settlements and on building activity, but with considerable foresight a law was passed as early as 1941 which succeeded in preserving the historical substance of the little towns and wine-growing communities which still contribute to the special charm of the region.

Vaudois auf diesem streckenweise recht schmalen Küstenstreifen. Diese Zuwanderung blieb zwar nicht ohne Einfluss auf Siedlungsstruktur und Bautätigkeit, aber ein umsichtiges Gesetz sorgte bereits 1941 für die Erhaltung der historischen Substanz der Kleinstädtchen und Rebbaugemeinden, die so noch immer zum besonderen Reiz der Gegend beitragen.
Dass ein Drittel der Waadtländer Wohnbevölkerung Schweizer aus anderen Kantonen und rund 20 Prozent Ausländer sind, verrät einiges über die ungebrochene Anziehungskraft der Riviera (von Villeneuve bis Vevey), des Lavaux (von Vevey bis Lausanne) und der Côte (zwischen Morges und Nyon), an der sich unter anderem Charlie Chaplin, Georges Simenon und der Aga Khan niederliessen.
Internationaler geht es lediglich noch in Genf zu, wo die Einheimischen mit einem Anteil von nur mehr 28 Prozent an der Gesamtbevölkerung längst in der Minderzahl sind. Das Gros der Zugezogenen, annähernd ein Drittel, machen Spanier und Portugiesen aus, dazu kommen Funktionäre internationaler Organisationen, im Kanton niedergelassene Franzosen, Eidgenossen aus dem Wallis und aus der übrigen Westschweiz. Für einen Kanton von der Grösse Genfs – seine gesamte Fläche beträgt gerade 282 Quadratkilometer – bringt die Anziehungskraft freilich auch Platznot und Preisexplosionen auf dem Wohnungsmarkt mit sich. Und je internationaler, kosmopolitischer die Stadt aus der Notwendigkeit heraus wird, wirtschaftlich weiter zu prosperieren, desto drängender wird auch die Frage nach der eigenen Identität: Genf ist längst nicht mehr nur der calvinistische Gottesstaat, als der die Stadt einst weltweit Bedeutung erlangte; ihr besonderer Charakter und damit eine spezifische Art der Existenzberechtigung an der Grenze zwischen Frankreich und der Schweiz bleibt jedoch nur erhalten, wenn sie sich den genius loci – und das ist Calvin – im Innersten bewahrt.

sans effet sur la structure des implantations et la construction mais une loi prévoyante a veillé, dès 1941, au maintien des édifices historiques des petites villes et des communes vinicoles qui, aujourd'hui encore, font le charme particulier de cette région.
Le fait qu'un tiers de la population du canton de Vaud soit constitué de Suisses d'autres cantons et qu'il y ait environ 20 pour cent d'étrangers donne une idée de l'attrait que continue d'exercer la Riviera (de Villeneuve à Vevey), le Lavaux (de Vevey à Lausanne) et la Côte (entre Morges et Nyon) où se sont établis entre autres Charlie Chaplin, Georges Simenon et l'Aga Khan.
Il n'y a que Genève pour être plus cosmopolite: les autochtones, qui ne représentent plus que 28 pour cent de sa population, y sont depuis longtemps minoritaires. La majorité des nouveaux venus, près d'un tiers d'entre eux, est constituée d'Espagnols ou de Portugais, viennent ensuite les fonctionnaires des organisations internationales, les Français qui se sont installés dans le canton, les Suisses du Valais et du reste de la Suisse de l'Ouest. Pour un canton de la taille de Genève – sa superficie totale est tout juste de 282 kilomètres carrés – cet afflux suscite évidemment des problèmes d'espace et entraîne une explosion des prix sur le marché immobilier. Et plus la ville devient internationale, cosmopolite, en raison même de la nécessité qu'elle a de maintenir sa prospérité économique, plus pressante se fait également la question de sa propre identité: depuis longtemps déjà, Genève n'est plus la métropole du calvinisme, qui lui avait donné autrefois une importance internationale; cependant, elle ne pourra garder son caractère particulier et ainsi cette sorte de justification de son existence à la frontière entre la France et la Suisse que si elle sait préserver son *genius loci* – qui est précisément Calvin.

The fact that a third of the population of Vaud are Swiss from other cantons and about a fifth are foreigners says something about the unbroken attraction exercized by the Riviera (from Villeneuve to Vevey), by the Lavaux district (from Vevey to Lausanne), and the Côte (between Morges and Nyon), where, among others, Charlie Chaplin, Georges Simenon, and the Aga Khan chose to live.
Only Geneva is even more international; here, the native population, with a share of only 28 per cent of the total, have long been in a minority. The majority of the newcomers, almost a third of them, are Spanish or Portuguese, and then come functionaries of international organizations, French people who have settled here, and Swiss from Valais and other parts of West Switzerland. For a canton the size of Geneva – its total area is just 282 square kilometres – this influx creates problems of space and leads to price explosions on the property market. And the more international, the more cosmopolitan the town becomes, due to the necessity of having to ensure continuing prosperity, the more urgent the question of its own identity becomes: Geneva has long since outgrown its position as the bastion of Calvinism – which was once the foundation of its international importance; and yet it will only be able to maintain its special character, and thus a specific kind of existential justification on the border between France and Switzerland, if it succeeds in preserving its *genius loci* – whose name is Calvin.

▲ **In den Rebbaugebieten des Lavaux**
Von Lutry bei Lausanne bis nach St-Saphorin erstreckt sich die Weinbauzone des Lavaux, in dem einige der besten Weissweine des Landes heranwachsen. Bis zu vierzig Geländeterrassen liegen zwischen dem See und den höchsten Rebbaustufen, die Rebbaudörfer in den Weinbergen – hier im Bild Riex und Epesses – sind so verdichtet gebaut, dass das Rebgelände nach Möglichkeit unangetastet bleibt. Seit einigen Jahren ist jedwede Neubautätigkeit in der Rebzone des Lavaux untersagt, die Zone selbst gilt als Landschaftsbild von nationaler Bedeutung.

▲ **Dans les vignobles du Lavaux**
La région viticole du Lavaux, qui produit quelques-uns des meilleurs vins blancs du pays, s'étend de Lutry, près de Lausanne, à St.-Saphorin. Il y a jusqu'à quarante terrasses entre le lac et les vignes les plus hautes et les maisons des villages dans les vignobles – ici Riex et Epesses – sont serrées les unes contre les autres pour laisser le plus de place aux vignes. Depuis quelques années, toute nouvelle construction est d'ailleurs interdite dans le district viticole du Lavaux qui est considéré comme une région d'importance nationale.

▲ **Among the Lavaux vineyards**
The wine-growing area of Lavaux, which produces some of the country's best white wines, extends from Lutry, near Lausanne, to St Saphorin. There are as many as forty terraces between the lake and the highest-growing vines, and the villages among the vineyards – our picture shows Riex and Epesses – are extremely compact so as to preserve as much terrain as possible for the vines. For some years now there has been a ban on building throughout the Lavaux wine-growing region, which is regarded as a conservation area of national importance.

▸ Vom Marktflecken zum Kur- und Kongressort
Nur da, wo im Lauf der Jahrhunderte ein Bach ein Delta in den Genfer See hinaus aufschüttete und im ansonsten steil abfallenden Lavaux eine flache Uferzone schuf, konnten sich grössere Siedlungen entwickeln. Solchen natürlichen Voraussetzungen verdankte im 19. Jahrhundert der kleine Marktflecken Montreux den Aufstieg zum Luftkurort, wobei auch die Schriften Jean-Jacques Rousseaus daran nicht unbeteiligt waren. Neben der traditionsreichen Hotellerie sind es heute vor allem das Kongresszentrum und das Jazz-Festival, die Montreux weit über die Grenzen des Landes hinaus bekannt gemacht haben.

▸ Du bourg à la station balnéaire et au centre de congrès
Dans la région du Lavaux aux pentes raides, des implantations plus importantes n'ont pu se développer en bordure du lac Léman qu'aux endroits où, au cours des siècles, un ruisseau a déposé des alluvions dans son delta créant ainsi une bande littorale plate. C'est grâce à des conditions naturelles de ce genre que le petit bourg de Montreux a pu devenir, au XIXe siècle, une station climatique à la célébrité de laquelle contribua également Jean-Jacques Rousseau. De nos jours, la ville de Montreux est connue bien au-delà des frontières suisses non seulement pour sa tradition hôtelière mais également pour son festival de jazz et son centre de congrès.

▸ From market-town to spa and congress centre
In the steeply sloping Lavaux region, larger settlements could only be established along Lake Geneva in places where, in the course of centuries, a stream had deposited alluvium at its delta and thus created a flat strip of shoreland. It was thanks to natural conditions of this kind that the little market-town of Montreux was able to develop in the 19th century into a spa – helped, additionally, by the writings of Jean-Jacques Rousseau. Nowadays, Montreux is known far beyond the borders of Switzerland not only for its excellent hotel tradition, but also for its jazz festival and as a congress centre.

▸ Schloss Châtelard in den Weinbergen von Clarens
Unten am See gehen die Dörfer heute fast fugenlos ineinander über. Clarens, in der »Nouvelle Héloïse« verewigt, gehört längst zur Gemeinde Montreux, doch da und dort ist Geschichte noch lebendig: Mitten in den Weinbergen von Clarens steht die einstige Fluchtburg der Bewohner von Montreux, die Jean de Gingins 1440–1442 nach italienischem Vorbild erbauen liess. In den Burgunderkriegen zerstörten die Eidgenossen den Bau teilweise, der imposante Rechteckturm und das angebaute Gebäudegeviert wurden jedoch kurz darauf wieder instand gestellt und sind heute noch bewohnt.

▸ Le château de Châtelard dans les vignobles de Clarens
En bordure du lac, les villages aujourd'hui se fondent pratiquement les uns dans les autres et Clarens, immortalisé par la «Nouvelle Héloïse» de Jean-Jacques Rousseau, est devenu depuis longtemps un quartier résidentiel de Montreux. Pourtant, ici et là, l'histoire est encore vivante: ainsi par exemple au château de Châtelard que fit construire en 1440–1442, dans le style italien, Jean de Gingins pour servir de refuge aux habitants de Montreux. Pendant les guerres de Bourgogne, les confédérés détruisirent en partie l'édifice mais l'imposante tour rectangulaire et la construction en plan carré adjacente furent bientôt remises en état et sont encore habitées aujourd'hui.

▸ Châtelard Castle in the vineyards of Clarens
The lakeside villages merge almost imperceptibly into one another, and Clarens, immortalized in Rousseau's "Nouvelle Héloïse", has long since joined up with Montreux. But history nevertheless survives here and there: in the shape of Châtelard Castle, for example, built by Jean de Gingins in the Italian style in 1440–1442 as a refuge for the citizens of Montreux. During the Burgundian wars the Confederates partly destroyed the building, but the imposing rectangular tower and the adjoining buildings were restored soon afterwards and are still lived in today.

▼▶ Römisches Fischerdorf und savoyardisches Schloss
Das Fischer- und Rebbaudorf St-Saphorin kann seine Ursprünge bis in die Römerzeit zurückverfolgen. Ab 1255 erhält Schloss Chillon (rechts) seine definitive Gestalt. In seinem Zentrum steht der mächtige Donjon, der Wohnturm.
▶▶ Die Fête des vignerons in Vevey
Aus einem einfachen Umzug der Winzerzunft von Vevey entwickelte sich bereits im 18. Jahrhundert ein Volksfest, das heutzutage nur alle 25 Jahre stattfindet, das nächste Mal im Jahr 2002.

▲▶ Village de pêcheurs romain et château savoyard
Le village de pêcheurs et village viticole de Saint-Saphorin peut suivre ses origines jusqu'à l'époque romaine. A partir de 1255, le château de Chillon (à droite) reçut sa forme définitive avec en son centre un imposant donjon.
▶▶ La fête des vignerons à Vevey
Ce qui était à l'origine un simple défilé de la corporation des vignerons de Vevey est devenu dès le XVIIIe siècle une fête populaire qui, aujourd'hui, n'a lieu que tous les 25 ans: la prochaine fois sera en 2002.

▲▶ Roman fishing village and Savoyard Castle
The fishing and wine-growing village of St Saphorin can trace its origins back to Roman times. The Castle of Chillon (right), dominated by its keep, was completed after 1255.
▶▶ The Fête des vignerons in Vevey
What began as a simple procession by the guild of vintners developed in the 18th century into a popular fête. Now it takes place only once every 25 years: the next time will be in 2002.

·VNIVERSITE·MVSEES·BIBLIOTHEQVE·

◀▼ **Lausanne und seine Kathedrale Notre-Dame**
Seine erste Blüte erlebte Lausanne als Sitz der Bischöfe von Lausanne, bis die Grafen von Savoyen im 13. Jahrhundert allmählich die Macht an sich brachten. Auf die Bischöfe geht der Bau der Kathedrale Notre-Dame zurück (1173–1275), die noch heute das Stadtbild prägt. Sie überragt das Neurenaissance-Palais de Rumine von 1898–1906, in dem das Kunst- und das Archäologiemuseum untergebracht sind, eine gedeckte Treppe, die Escalier du marché, führt vom Hôtel de Ville hinauf zur Kathedrale und zum einstigen Schloss der Bischöfe.

◀▼ **Lausanne et sa cathédrale**
Lausanne connut sa première période florissante comme siège des évêques de Lausanne mais, au XIIIe siècle, les comtes de Savoie s'approprièrent peu à peu le pouvoir. Ce sont les évêques qui firent construire la cathédrale Notre-Dame (1173–1275) qui, aujourd'hui encore, caractérise la physionomie de la ville. Elle domine le Palais de Rumine (1898–1906), qui abrite aujourd'hui le musée cantonal des beaux-arts et le musée d'archéologie et d'histoire. De l'hôtel de ville, l'escalier couvert du marché monte à la cathédrale et à l'ancien château des évêques.

◀▼ **Lausanne and its Cathedral**
Lausanne first flourished as the seat of the bishops of Lausanne, but in the 13th century they gradually lost their power to the counts of Savoy. It was the bishops who built the Cathedral of Notre-Dame (1173–1275), still the city's dominating feature. It rises above the neo-Renaissance Palais de Rumine of 1898–1906, which houses the Fine Arts Museum and the Archaeological Museum. From the Hôtel de Ville a steep covered flight of steps, the Escalier du marché, leads up to the Cathedral and to the one-time bishops' palace.

◂ **Das Backsteinschloss von Vufflens**
Die Herrschaft Vufflens hatte bereits eine ziemlich bewegte Geschichte hinter sich, die um 1100 mit der Rodung und Landnahme im Bereich des heutigen Schlosses einsetzte, als sie 1390 an Heinrich von Colombier fiel. Dieser hatte auf einer Kreuzfahrt nach Jerusalem in Italien die Technik des Backsteinbaus kennengelernt. Wieder zu Hause, liess er die alte Burg Vufflens niederreissen und gegen 1395 ein Schloss errichten, das alle anderen Herrschaftssitze in der Region an Grösse und Prachtentfaltung überragte. Neu und ungewöhnlich waren dabei vor allem die Zinnenbekränzungen an Bergfried, Wohngebäude und Ecktürmen, die der Burg auch heute noch den Charakter eines leicht verspielten Märchenschlosses verleihen.

◂ **Le château de Vufflens**
La propriété de Vufflens avait déjà derrière elle une histoire mouvementée, qui avait commencé vers 1100 avec le défrichage et l'exploitation des terres autour du château actuel, lorsqu'elle échut à Henri de Colombier en 1390. Celui-ci avait vu des édifices en brique en Italie lors d'une croisade à Jérusalem et, de retour dans son pays, il fit démolir le vieux château de Vufflens qu'il remplaça, vers 1395, par un château qui dépassait en splendeur tous les autres châteaux de la région. Un des éléments nouveaux et inhabituels de son architecture étaient les mâchicoulis dont étaient pourvus le donjon, le bâtiment d'habitation et les tourelles d'angle et qui, aujourd'hui encore, donnent à l'édifice un peu l'aspect d'un château de conte de fées.

◂ **Vufflens Castle**
The Vufflens estate already had a rather lively history behind it – beginning in about 1100 with the clearing and cultivation of the land in the area around the present-day castle – when it fell to Heinrich von Colombier in 1390. He had seen brick-built structures in Italy during a crusade to Jerusalem, and when he returned home he had the old castle of Vufflens demolished and replaced, in about 1395, with a brick-built castle more magnificent than all the others in the region. One of the most striking new features were the decorative machicolations on the keep, the living quarters, and the corner towers – and it is these that nowadays give the building something of the appearance of a fairy-tale castle.

Genf und der Einfluss Frankreichs
Die Nähe Frankreichs ist in Genf auf Schritt und Tritt zu spüren, in der Baugeschichte der Stadt spielten französische Einflüsse und Architekten stets eine wichtige Rolle. So entstanden 1719 am Rande der Altstadt die Rue und die Terrasse des Granges zum Bau von Privathäusern im Pariser Stil in bevorzugter Lage über der Treille, die um 1515 als Wehrplattform vor der Stadt angelegt und 1713 zur Promenade umgestaltet wurde. Über diese Promenade führt heute die Strasse durch das klassische Treille-Tor in die Altstadt.

Genève et l'influence française
A Genève, les influences françaises ont toujours joué un rôle important dans l'histoire de l'architecture de la ville. Ainsi, par exemple, la rue et la terrasse des Granges, comprenant des maisons privées dans le style parisien, furent construites en 1719 dans un merveilleux site au-dessus de la Treille, qui avait été construite vers 1515 comme plateforme de défense aux portes de la ville et qui a été transformée en promenade en 1713. La route qui suit cette promenade mène aujourd'hui par la porte classique de la Treille dans la vieille ville.

Geneva – the French influence
The proximity of France can be felt everywhere in Geneva, for French influences have always played an important role in the city's architectural history. Thus, for example, the Rue and Terrasse des Granges, comprising private houses in the Parisian style, were built on the fringe of the Vieille Ville in 1719 in a prime position overlooking the Treille, which had been constructed in about 1515 outside the then town as a defence platform, and had been converted into a promenade in 1713. The road along this promenade now leads through the Classicist Treille Gate into the Old Town.

IRAN AIR

◀ Genf mit der Kathedrale und dem Jet-d'eau
Bis Ende des 18. Jahrhunderts lagen da, wo sich heute die Quaianlagen der Unterstadt befinden, drei Häfen, die Anfang des 19. Jahrhunderts aufgeschüttet wurden, so dass man Platz für die Stadterweiterung gewann. Die heutige, fast schon klassische Stadtansicht mit den repräsentativen Bauten am See stammt so zum grössten Teil aus der Mitte des 19. Jahrhunderts. Die Kathedrale St-Pierre hoch oben in der Altstadt dominiert jedoch noch immer das Stadtbild.

◀ Genève avec la cathédrale et le jet d'eau
Jusqu'à la fin du XVIIIe siècle, dans le quartier de la ville basse occupé aujourd'hui par les quais, se trouvaient trois ports qui furent comblés au début du XIXe siècle pour permettre à la ville de s'agrandir. La physionomie actuelle, presque classique, de la ville avec ses prestigieux édifices au bord du lac date en grande partie du milieu du XIXe siècle. Mais elle est toujours dominée par la cathédrale Saint-Pierre qui trône dans la vieille ville.

◀ Geneva with the Cathedral and the Jet-d'eau
Until the end of the 18th century, the area of the Lower Town now occupied by the quays was taken up by three harbours, but these were filled in at the beginning of the 19th century to enable the town to expand. Thus the present, almost classical, view of the city with the prestigious buildings along the lake, largely dates back only to the middle of the 19th century. St Peter's Cathedral, however, up in the Old Town, is still the city's dominating feature.

EUROPA
BUNDESREPUBLIK DEUTSCHLAND
FRANKREICH
ÖSTERREICH
ITALIEN
FÜRSTENTUM LIECHTENSTEIN
London Amsterdam Bruxelles Strasbourg Paris
Amsterdam Hamburg Berlin Frankfurt
Frankfurt Stuttgart
Berlin Stuttgart
Berlin München Bregenz
Innsbruck Wien Budapest
Paris
Paris Dijon
Lyon Marseille Bordeaux Nice
Chamonix Mont-Blanc
Aosta Torino Nice
Milano Roma Genova Nice
Nòvara Milano
Como Milano Genova Trieste Roma Venezia
Milano Venezia
Bormio
SH
SCHAFFHAUSEN
Kreuzlingen
Bodensee
Thurgau
FRAUENFELD
Rhein
BASEL
BS
LIESTAL
BL
Baden
Winterthur
Zürich
ZÜRICH
ST.GALLEN
St.Margrethen
Porrentruy
DELEMONT
Jura
Moutier
Solothurn
SOLOTHURN
Olten
AARAU
Aargau
Reuss
HERISAU
Appenzell
APPENZELL
A.-Rh.
I.-Rh.
Wildhaus
Buchs/SG
VADUZ
St. Gallen
Biel
La Chaux-de-Fonds
Vue des Alpes
NEUCHATEL
Neuchâtel
Les Verrières
Lac de Neuchâtel
Murten
Burgdorf
BERN
Langnau i.E.
Luzern
LUZERN
ZUG
Zug
Rigi
Weggis
Bürgenstock
Einsiedeln
Schwyz
SCHWYZ
GLARUS
Glarus
Braunwald
Bad Ragaz
SARNEN
STANS
Nidw.
Unterwalden
Brünig
Obw.
Engelberg
ALTDORF
Klausen
Uri
Flims
Laax-Falera
CHUR
Klosters
Scuol
Arosa
Davos
Flüela
Lenzerheide
Zernez
Ofenpass
Umbrail
Graubünden
Inn
Savognin
St.Moritz
Julier
Pontresina
Silvaplana
Sils
Maloja
Bernina
Splügen
San Bernardino
Lukmanier
Chiavenna
Yverdon-les-Bains
FRIBOURG
Fribourg
Bulle
Vallorbe
Vaud
Thun
Beatenberg
Brienz
Meiringen
Interlaken
Susten
Andermatt
Sedrun
Disentis
Oberalp
Furka
Gotthard
Wengen
Grindelwald
Grimsel
Mürren
Jungfraujoch
Jaun
Adelboden
Gstaad
Lenk
Château-d'Oex
Morges
LAUSANNE
Nyon
Lac Léman
Vevey
Montreux
Leysin
Pillon
Les Diablerets
Villars
Aigle
GENEVE
GE
Champéry
Martigny
Bettmeralp
Riederalp
Fiesch
Rotten
Leukerbad
Crans/Montana
Sierre
SION
Rhône
Nendaz
Brig
Visp
Simplon
Grächen
Saas Fee
Zinal
Zermatt
Gornergrat
Verbier
Gd-St-Bernard
Valais
Nufenen
Ticino
Biasca
Locarno
Tenero
Ascona
BELLINZONA
Domodossola
Lugano
Chiasso
0
50 km
0
40 miles
Hauptort
Ortschaft
Pass
Internationaler Flughafen
Eisenbahn
Autobahn (Stand 1988/89)
Hauptstrasse

Aargau
Appenzell-Ausserrhoden
Appenzell-Innerrhoden
Basel-Stadt
Basel-Landschaft
Bern
Fribourg
Genève
Glarus
Graubünden
Jura
Luzern
Neuchâtel
Nidwalden
Obwalden
Schaffhausen
Schwyz
Solothurn
St. Gallen
Ticino
Thurgau
Uri
Vaud
Valais
Zürich
Zug
VR
LIBERTÉ ET PATRIE

Register der Abbildungen

Die Seitenzahlen verweisen auf die Bildtexte
Index alphabétique
Les numéros des pages renvoient aux légendes
Alphabetical Index
The page numbers refer to the captions

Bildquellen

Illustrations/Sources of photographs

Emanuel Ammon: 68/69 (3), 94/95, 108/109, 134, 143, 144/145, 165
Anthony/N. Fischer: 124
Bavaria/Hiroshi Higuchi: 206/207
Bavaria/IPCE: 212/213 (2)
Bavaria/Martzik: 214/215
Bilderberg/Wolfgang Kunz: 196/197
E. Bührer: 40
Bundesamt für Landestopographie: 220
Willi P. Burkhardt: 44/45, 72, 185, 194/195
Edouard Curchod: 210/211 (3)
Beno Dermond/Punktum Bildarchiv: 79, 113
Siegfried Eigstler: Einbandbild, 2, 117, 128/129, 147, 148/149, 152/153, 164/165, 169
Niklaus Flüeler/Punktum Bildarchiv: 23, 48, 87, 110/111 (2), 123
Focus/Urs F. Kluyver: 51, 52, 130/131, 154 (o.)
Focus/Bernd-Christian Möller: 48/49, 50/51
Focus/Michael S. Yamashita: 208
Photo L. Gensetter: 80, 106/107, 116, 187, 193
Edmond van Hoorick: 30/31, 70/71, 73, 78/79, 85, 94, 112, 155, 156/157, 172/173, 192, 198
Walter Imber: 132/133, 136/137
Kinkelin/Siegfried Eigstler: 146 (o.), 171, 183, 203, 204/205, 218/219
Kinkelin/Otto Kasper: 10/11
Kinkelin/Werner Otto: 126/127 (5)
Kinkelin/Hans Schlapfer: 26/27, 64/65, 86/87, 105, 146 (u.l.), 154 (u.)
Kinkelin/Marco Schneiders: 103
Kinkelin/Toni Schneiders: 18, 188/189
Kinkelin/Fred Wirz: 60, 143
Bruno Kirchgraber-Lang: 32, 41, 88/89 (2), 96/97, 186, 189
Klammet & Aberl Luftbild: 39
Herbert Maeder: 12, 22/23, 25, 28/29, 31, 32/33, 76/77, 146 (r.)
Hans Rausser: 162
Hans R. Schläpfer: 196, 208/209
Marco Schneiders: 170
Toni Schneiders: 19, 24 (3), 104/105, 114/115, 174/175, 176/177
Foto Schönwetter Glarus: 66/67
Emil Schulthess: 177
Christof Sonderegger: 17, 26, 130, 151
Swissair Photo + Vermessungen AG: 34, 42/43, 56, 74/75, 98, 118, 138, 158, 178
Eduard Widmer: 20, 21, 46/47, 53, 54/55, 96
Rainer B. Wiederkehr: 90/91
Jürgen Winkler: 6, 168/169
Andreas Wolfensberger: 47
Ernst Zbären: 166/167
Zefa/Messerschmidt: 150/151
Zefa/Schlegel: 62/63
Gérard Zimmermann: 92/93 (3), 134/135, 190/191 (4), 216/217 (2)

In unserer Bildbandreihe sind erschienen:

Ouvrages parus dans notre collection:

Our series of illustrated books includes the following titles: